L'ONTOLOGIE DE MERLEAU-PONTY

Du même auteur :

La Vertu de justice, P.U.F., 1959, 2e éd., 1970, réédition L'Harmattan, 2012.

Henri Bergson et la notion d'espace, P.U.F., 1961, réédition L'Harmattan, 2011.

L'Inspiration. Art et vie spirituelle, Le Cercle du Livre, 1957, puis P.U.F., 1961.

François Heidsieck et divers auteurs : *Merleau-Ponty : le philosophe et son langage*, Vrin, 1993, 2e édition, 2010.

5-7, rue de l'École-polytechnique ; 75005 Paris

http://www.librairieharmattan.com
diffusion.harmattan@wanadoo.fr
harmattan1@wanadoo.fr

ISBN : 978-2-336-00596-6
EAN : 9782336005966

François HEIDSIECK

L'ONTOLOGIE DE MERLEAU-PONTY

L'Harmattan

Ouverture philosophique

Collection dirigée par Aline Caillet, Dominique Chateau, Jean-Marc Lachaud et Bruno Péquignot

Une collection d'ouvrages qui se propose d'accueillir des travaux originaux sans exclusive d'écoles ou de thématiques.
Il s'agit de favoriser la confrontation de recherches et des réflexions qu'elles soient le fait de philosophes « professionnels » ou non. On n'y confondra donc pas la philosophie avec une discipline académique ; elle est réputée être le fait de tous ceux qu'habite la passion de penser, qu'ils soient professeurs de philosophie, spécialistes des sciences humaines, sociales ou naturelles, ou... polisseurs de verres de lunettes astronomiques.

Dernières parutions

María PUIG de la BELLACASA, *Politiques féministes et construction des savoirs*, 2012.
Pascal KOLESNORE, *Histoire et liberté : éclairages kantiens*, 2012.
Mahamadé SAVADOGO, *Penser l'engagement*, 2012
Françoise KLELTZ-DRAPEAU, *Une dette à l'égard de la culture grecque. La juste mesure d'Aristote*, 2012.
Julien GARGANI, *Poincaré, le Hasard et l'étude des Systèmes Complexes*, 2012.
Jean-Pascal COLLEGIA, *Spinoza, la matrice*, 2012.
Miklos VETÖ, *Explorations métaphysiques*, 2012.
Marcel NGUIMBI, *Penser l'épistémologie de Karl Popper*, 2012.
Joachim Daniel DUPUIS, *Gilles Châtelet, Gilles Deleuze et Félix Guattari. De l'expérience diagrammatique*, 2012.
Oudoua PIUS, *Humanisme et dialectique. Quelle philosophie de l'histoire, de Kant à Fukuyama ?*, 2012.
Paul DAU VAN HONG, *Paul Ricœur, le monde et autrui*, 2012.
Michel VERRET, *Les marxistes et la religion. 4e édition revue et complétée*, 2012.

ABRÉVIATIONS

SC : *La structure du comportement.*
PP : *La phénoménologie de la perception.*
SNS : *Sens et non-sens.*
S : *Signes.*
PM : *La prose du Monde.*
Œ : *L'œil et l'esprit.*
VI : *Le visible et l'invisible.*

N. B. — Nous faisons figurer *La prose du Monde*, brouillon abandonné par l'auteur, et publié en 1969, en telle place que l'article *L'œil et l'esprit*, où l'auteur apparaît tout entier, et *Le visible et l'invisible*, ouvrage inachevé certes, mais que MERLEAU-PONTY voulait « définitif » (*VI*, p. 222), aient en quelque sorte le dernier mot.

D'autre part, nous tenons à remercier M. Michel PICLIN, maître de conférences à l'Université de Reims, qui a bien voulu relire les épreuves, suggérer maintes améliorations, rédiger même un paragraphe qu'on lira p. 13.

CHAPITRE PREMIER

TROUVER

Quand nous sommes parvenus à saisir la modalité de l'énonciation, nous comprenons la teneur du discours philosophique, ce qu'il veut dire, et ce qu'il dit. Cette modalité cependant n'est pas séparable du contenu. Abstraire la modalité est illégitime, autant que prétendre abstraire le contenu. Aucune formulation de la modalité du discours ne détermine proprement le discours et, puisqu'il s'agit de Maurice Merleau-Ponty, parler d'*ambiguïté*, de *philosophie de l'ambiguïté*, de *pensée interrogative* sont des formulations insuffisantes.

Parler de la *phénoménologie*, de l'*ontologie* de Merleau-Ponty est inévitable, mais risque de masquer la pensée originale de l'auteur et d'induire le faux-sens, sinon le contresens.

Notre première tâche consiste donc à cerner non pas tant la méthode que la finalité de son entreprise. Nous devons nous expliquer sur ce qu'elle attend et ce qu'elle obtient de la philosophie, du langage, du langage philosophique. Et, pour ce faire, examiner les formulations insuffisantes que nous venons d'évoquer.

Elles sont suggérées, parfois même assumées par le philosophe dont nous abordons l'étude. Elles sont reprises par ses émules et par les interprètes de sa pensée. Elles deviennent des repères, presque des définitions. On le vérifiera en premier lieu avec la formule de *l'ambiguïté.* Certes le philosophe et ses premiers critiques sont innocents des simplifications caricaturales. Ce n'est pas leur faute s'il plaît au lecteur pressé d'épingler des étiquettes. Dans le style des manuels qui répètent : « le scepticisme de Montaigne », « l'optimisme de Leibniz », « l'intuition de Bergson », on a dit et répété : « l'ambiguïté de Merleau-Ponty » pour désigner une pensée qu'on se souciait de rassembler en gros plutôt que de la pénétrer attentivement. Camus (« l'absurde »), Sartre (« l'existentialisme) étaient logés à de telles enseignes. Et Merleau-Ponty, au risque d'entretenir la confusion, n'a pas tenté l'entreprise impraticable de décoller l'étiquette[1].

Il a cependant marqué des nuances qui valent d'être relevées. Dans son premier ouvrage il souligne que la notion fondamentale de *forme* lui épargne l'alternative de l'intellectualisme et de l'empirisme et que « justement pour cette raison, elle est ambiguë »[2] ; mais il ajoute aussitôt qu'il reste à comprendre cette notion de forme elle-même, « sans quoi la signification philosophique de ce qui précède resterait équivoque »[3]. Il s'agit donc ici, et cela va mieux en le disant, d'une ambiguïté qui exclut l'équivoque. La conclusion de

1. Peut-être d'ailleurs Merleau-Ponty se faisait-il un devoir de ne pas refuser l'appellation, et l'on peut lui prêter la conduite à laquelle s'est résolu Jean-Paul Sartre, que Merleau-Ponty explicite en ces termes : « Comme les journalistes lui attachaient au dos l'étiquette de l' « existentialisme », Sartre protesta d'abord. Puis il se dit un jour qu'après tout il n'avait pas le droit de refuser l'étiquette, qui est ce que les autres voient de lui. Il prit donc bravement le parti de l'existentialisme » (*SNS*, p. 84). C'est aider un peu la « légende » à être plus vraie que l'histoire.

2. *SC*, p. 171, cf. aussi p. 123 : « l'ambiguïté du lieu dans la substance nerveuse ».

3. *SC*, p. 171.

l'ouvrage met d'ailleurs l'accent non sur l'ambiguïté gnoséologique, mais sur la « coexistence » réelle qu'attestent nos comportements.

La phénoménologie de la perception assume au contraire délibérément le terme : « le propre du perçu est d'admettre l'ambiguïté, le *bougé*, de se laisser modeler par son contexte »[1]. C'est également le propre d'une « théorie existentielle de l'histoire », mais « cette ambiguïté ne peut pas lui être reprochée, car elle est dans les choses »[2]. Le terme étend encore son emprise lorsque l'auteur déclare : « Cette ambiguïté n'est pas une imperfection de la conscience ou de l'existence, elle en est la définition »[3]. Enfin l'ambiguïté a, au sens littéral, le dernier mot à la fin d'un chapitre important[4].

Dans cet ouvrage l'auteur maintenant revendique l'ambiguïté, et pour les choses, et pour la conscience ou l'existence, et pour la philosophie qui s'attache à en rendre compte. Le terme même d'*équivoque* ne l'effarouche plus. Il nous prévient : la conscience est « le lieu même de l'équivoque »[5], et de fait il ne saurait être question au sein du bougé de ces concepts de distinguer une « bonne » ambiguïté et une « mauvaise » équivoque.

Mais quittons Merleau-Ponty pour ses interprètes. Une des toutes premières recensions de ses thèses, sous la plume de Ferdinand Alquié, titrait : « Une philosophie de l'ambiguïté, l'existentialisme de M. Merleau-Ponty »[6]. La vigueur

1. *PP*, p. 18.
2. *PP*, p. 201, qui parle aussi de « pouvoir d'équivoque », et de « processus d'échappement ».
3. *PP*, p. 383.
4. *PP*, p. 397 : « Je ne me connais que dans mon inhérence au temps et au monde, c'est-à-dire dans l'ambiguïté. »
5. *PP*, p. 383.
6. Revue *Fontaine*, n° 59, avril 1947, pp. 47-70.

concise de cette analyse lui assura un large retentissement. En 1951 Alphonse de Waelhens, auteur du seul livre (et du livre important) consacré à Merleau-Ponty qui ait été publié du vivant de celui-ci, donna à son étude exactement le titre, et le sous-titre, de l'article de F. Alquié, ayant demandé à celui-ci et obtenu pour cet emprunt son plein accord. Enfin Simone de Beauvoir publiait en 1947 son essai : *Pour une morale de l'ambiguïté*, où elle expose sa propre pensée. Ainsi deux critiques aux conclusions divergentes et une essayiste qui se réclame, comme Sartre et Merleau-Ponty lui-même, de l'existentialisme, affichent unanimement : *ambiguïté*. L'étiquette est collée à la colle forte.

« Pourquoi se plaindre ? » dira-t-on. Cet accord universel révèle sans doute la signification de l'œuvre ; l'auteur lui-même n'a-t-il pas proclamé tout le premier la portée d'une notion qu'il faut donc tenir pour la notion fondamentale ?

De fait, nous ne le pensons pas[1]. Notre livre montrera, nous l'espérons, que l'ambiguïté n'est qu'un premier cheminement, au-delà duquel s'enfonce la voie décisive qui atteint, qui *trouve* une réalité, la réalité, une vérité, la vérité. Comme Parménide au fragment 6 condamne l'affirmation du Non-Etre, et la recherche hébétée des « crânes doubles », Merleau-Ponty écartera et la philosophie négativiste, et certaine ambiguïté des crânes doubles, et n'aura pas besoin d'affirmer que l'Etre est, s'il le trouve.

Le terme d'ambiguïté convient sans doute davantage

1. Cf. X. Tilliette, *Merleau-Ponty ou la mesure de l'homme*, pp. 41-49. Tilliette y rend compte de l'essai en italien de G. Derossi, *Maurice Merleau-Ponty*, Ed. di Filosofia, Turin, 1965. Pour Derossi c'est « un abus » de faire de la notion d'ambiguïté « le référentiel ultime et le dernier mot ; c'est s'enfermer dans une impasse que Merleau-Ponty a finalement évitée » (Tilliette, *op. cit.*, p. 42). Nous sommes particulièrement heureux si l'autorité de Giorgio Derossi, avec lequel nous nous sentons souvent en communion de pensée, vient confirmer certaines conclusions du présent travail.

à la démarche de Simone de Beauvoir, du moins en ses premiers travaux. Il est fondé sous la plume de Ferdinand Alquié car ce dernier *conteste*, en quelques fortes pages, la pensée de Merleau-Ponty. Si j'admire la pénétration des analyses, dit en substance M. Alquié, je les refuse *car*, de mon point de vue de cartésien, les concepts qu'elles mettent en œuvre m'apparaissent ambigus, c'est-à-dire ne sont pas de véritables concepts. Et si d'aventure il se trouvait que la doctrine de Merleau-Ponty voulût délibérément se passer de concepts, F. Alquié le lui reprocherait aussi, déclarerait que toute doctrine qui ne se fonde pas sur des concepts clairs et distincts relève de la littérature et non de la philosophie. Ici le mot « ambiguïté » est pris péjorativement par un penseur qui prend ses responsabilités et oppose une conception de la philosophie à une autre conception de la philosophie.

On dira que c'est aussi le cas de M. Alphonse de Waelhens. Certes le penseur de Louvain ne s'affirme pas un disciple de Merleau-Ponty. Dans son livre de 1951, récemment réédité sans modifications, il prend à plusieurs reprises ses distances, sur des points essentiels. Il maintient contre Merleau-Ponty que l'activité judicatoire implique la subsomption conceptuelle[1]. Il refuse d'accorder que toute vérité soit dépendante de la structure de l'existant qui la dévoile, maintenant ainsi la transcendance (au sens classique) de l'objet connu dans sa vérité réelle[2]. Il suggère d'achever la phénoménologie en posant une ontologie qui admette l'idée d'un absolu. Il ne trouve pas une telle ontologie dans les ouvrages alors publiés de Merleau-Ponty[3].

1. A. de Waelhens, *Une philosophie de l'ambiguïté ; l'existentialisme de M. Merleau-Ponty*, 1re éd. (1951), pp. 133-134. Waelhens admet cependant qu'il existe des activités antéprédicatives.
2. *Ibid.*, p. 173 et p. 383.
3. *Ibid.*, p. 389.

Dans son livre *Phénoménologie et Vérité* (1953) A. de Waelhens affirme : « Il s'agit de comprendre que la vérité est la révélation de la dimension de l'Etre où l'homme est placé et, pour notre part, nous dirions : où Dieu a placé l'homme »[1].

Dans ces prises de position, on voudra peut-être conclure qu'A. de Waelhens, comme F. Alquié, refuse l'ambiguïté qu'il reconnaît chez Merleau-Ponty. Mais on conclurait présomptueusement : souvent Waelhens défend l'auteur contre les objections élevées par F. Alquié, et cela parce qu'il admet l'ambiguïté d'une phénoménologie dont il présume qu'elle doit pouvoir *à la fin* être levée par une affirmation ontologique, métaphysique. Si l'auteur n'apparaît pas disposé à franchir ce pas, A. de Waelhens, quant à lui, le franchit.

Une telle ontologie cependant risque, observerons-nous, non pas de prolonger mais de démentir les postulats de la phénoménologie dont on nous parle, elle risque d'apparaître un apport extrinsèque, voire inconciliable.

Notre thèse est que Merleau-Ponty, dès ses premiers ouvrages et dans son œuvre entière, conjugue phénoménologie et ontologie, ne peut les séparer[2]. C'est cela, « Le métaphysique dans l'Homme »[3]. Et cette recherche, qui « n'est pas conciliable avec le contenu manifeste de la religion

1. *Phénoménologie et Vérité*, p. 165.

2. Nous avons trouvé dans l'ouvrage remarqué et remarquable de Xavier Tilliette, *Merleau-Ponty ou la mesure de l'homme*, Seghers, 1970, une interprétation de l'œuvre qui imbrique étroitement la phénoménologie et l'ontologie. Le présent travail était alors achevé, c'est pourquoi nous n'avons pu nous aider du livre de Xavier Tilliette comme nous nous sommes aidés de l'étude excellente elle aussi d'André Robinet, *Merleau-Ponty*, Presses Universitaires de France, 1963.

3. Titre de l'article de la *Revue de Métaphysique et de Morale*, juillet 1947, repris dans *SNS*, pp. 145-172.

et avec la position d'un penseur absolu du monde »[1], repousse en définitive l'ambiguïté. En effet, « un Dieu... qui ne soit pas seulement pour nous, mais pour soi, la métaphysique... peut le chercher... en arrière de la conscience, en deçà de nos idées, comme la force anonyme qui soutient chacune de nos pensées et de nos expériences »[2]. Ce Dieu, pour n'être pas celui de la religion, de la théologie, de la philosophie traditionnelle, ce Dieu « anonyme » est force, positivité qui soutient toutes nos expériences. Ainsi comprise, son idée n'a rien d'ambigu. Tout le problème sera de savoir si l'on peut seulement le chercher, le postuler, ou si l'on peut en témoigner, pour l'avoir à la fin trouvé.

On ne peut faire, semble-t-il, à l'ambiguïté sa part, au plan fondamental[3]. Ainsi on pourrait dire que l'ambiguïté peut se trouver située *deux fois* au point de départ, mais en deux sens très différents : elle peut être un point de départ *de la recherche*, et elle désigne alors l'incertitude et l'ouverture d'une jeune pensée ; elle peut aussi être conçue comme le point de départ *des choses elles-mêmes*, mais elle sera alors ce *mystère* originaire, qui expliquera le reste de tout ce qui est, même s'il ne peut pas lui-même être entièrement expliqué. Entre ces deux conceptions de l'ambiguïté, fort différentes on le conçoit, c'est tout l'itinéraire intellectuel de Merleau-Ponty qui semble osciller[4]. Le point essentiel est de savoir si l'ambiguïté décelée aux deux pôles n'est pas *réduite*

1. *Ibid.*, p. 168.

2. *Ibid.*, pp. 168-169. Les réserves que l'auteur précise en note laissent subsister entière cette affirmation.

3. Ici, comme le précisait l'avertissement liminaire, nous laissons la parole à M. Michel Piclin. La page qui suit nous apporte un précieux renfort, et elle ébauche une interprétation personnelle qui en même temps assouplit et pondère ce que nous tentions de dire. Il ne s'agit pas en effet de jeter aux orties l'ambiguïté, mais, comme Merleau-Ponty l'a fait d'abord, de la reconnaître et de la *traverser*.

4. Ici M. Michel Piclin nous tend le « témoin », et nous reprenons le relais.

par leur conjugaison — l'ouverture de la recherche s'avérant alors adéquate à l'ouverture de l'Etre, indissociable de l'indivision du réel[1].

Voyons d'abord comment, dans l'un de ses premiers ouvrages, *La phénoménologie de la perception*, l'auteur définit sa position et sa conception personnelle de la phénoménologie. La phénoménologie, assure-t-il dès l'Avant-Propos, est davantage qu'une mode ou qu'un mythe, elle « se laisse pratiquer ou reconnaître comme manière ou comme style », elle existe d'abord « comme mouvement »[2]. Ses disciples, dit-il, la retrouvent partout, dans Hegel et dans Kierkegaard, mais aussi dans Marx, dans Nietzsche, dans Freud. C'est donc de la pensée indivise de « ses disciples » que l'on partira. Leur mouvement solidaire, où chacun marche sans doute à son pas (mais il s'agit bien de la même démarche) fournit le sens de l'entreprise : « C'est en nous-mêmes que nous trouverons l'unité de la phénoménologie et son vrai sens. La question n'est pas tant de compter les citations que de fixer et d'objectiver cette *phénoménologie pour nous* qui fait qu'en lisant Husserl ou Heidegger plusieurs de nos contemporains ont eu le sentiment bien moins de rencontrer une philosophie nouvelle que de reconnaître ce qu'ils attendaient »[3].

1. De ce point de vue, le titre que M. de Waelhens a choisi pour son livre correspond à une interprétation contre laquelle nous nous élevons. Paul Ricœur (*Encyclopédie française*, XIX-10-11) parle de son côté, plus roidement, d' « une philosophie de la finitude, c'est-à-dire d'un exorcisme de la pensée sans point de vue et, à la limite, d'une philosophie sans absolu », dans le sillage de l' « empirisme » du dernier Husserl. Comment alors, se demandait Paul Ricœur, l'acte philosophique est-il possible ? (*ibid.*, XIX-10-9). Plus récemment, Ricœur semble avoir nuancé cette fin de non-recevoir.

2. *PP*, p. II.

3. *Ibid.*

Texte étonnant, par l'espoir généreux dont il témoigne pour la possibilité d'une pensée à plusieurs, dont le lien ne serait pas une orthodoxie, l'observance de principes abstraits, mais la fidélité à ces « fameux thèmes phénoménologiques » qui se sont noués d'abord spontanément « dans la vie ». Merleau-Ponty, Sartre, Hyppolite, Jean Wahl et quelques autres furent ainsi compagnons en Husserl, en Hegel, en Kierkegaard, en Heidegger. Nous tâchions, a écrit Sartre beaucoup plus tard, de comprendre le monde chacun comme il pouvait avec les moyens du bord, « et nous avions les mêmes moyens — qui s'appelaient alors Husserl, Heidegger — parce que nous étions du même bord »[1].

Cela ne pouvait évidemment suffire à établir l'accord des pensées, Sartre en a convenu très clairement : « Trop individualistes pour mettre en commun nos recherches, nous devînmes réciproques en restant séparés. Seul, chacun se fût trop aisément persuadé d'avoir compris l'idée phénoménologique ; à deux, nous en incarnions l'un pour l'autre l'ambiguïté : c'est que chacun saisissait comme une déviation inattendue de son propre travail le travail étranger, parfois ennemi, qui se faisait en l'autre. Husserl devenait à la fois notre distance et notre amitié »[2]. C'est exquisement dit, c'est l'aveu cependant que « la phénoménologie », ou « l'existentialisme » couvaient alors des pensées ennemies, et que les deux amis le savaient bien. D'ailleurs Merleau-Ponty, poursuit Sartre, « ne voulait que s'approfondir... ; les discussions le dérangeaient »[3].

Ainsi la *phénoménologie* qui fait apparition dans la pensée française vers 1936-1938 et qui avance en sous-marin dans

1. Merleau-Ponty vivant, *Les Temps modernes*, n°s 184-185 (1961), p. 305.
2. *Ibid.*, p. 307.
3. *Ibid.*

les eaux noires de l'occupation allemande, faisant surface vers 1945-1946, est un phénomène d'époque. Et, avec elle, l'*existentialisme*. Un moment fort attachant de l'histoire des idées[1]. Mais pour Merleau-Ponty philosophe, l'important, en ce mouvement où le *même* et l'*autre* comme les vagues sur la mer se recouvraient, c'était de s'approfondir. De ce point de vue, rien n'est plus fallacieux que la notion mal précisée de phénoménologie. Celle de Husserl n'est pas celle de Hegel ; celle de Sartre n'est pas celle de Husserl ; et la pensée de Merleau-Ponty accepte de se nourrir de chacune de ces doctrines, mais ne se confond avec nulle autre, *et l'a toujours su.*

Il se peut que, vers 1945, il ait minimisé le risque des convergences, ou plutôt des confusions éclectiques. On pourrait en effet à le lire, en contrepoint de *L'Etre et le Néant* de Sartre, s'imaginer que Merleau-Ponty propose une interprétation *orthodoxe*, une version canonique (celle de l'école existentialiste) de Husserl, dont presque rien alors n'était traduit en français. Aujourd'hui le lecteur soupçonne d'emblée, et plus avisé l'aurait senti dès 1945, que la doctrine de Husserl si profondément assimilée est d'abord celle de son interprète, un Husserl possible parmi plusieurs autres.

Le problème est ainsi posé, par ce biais, de la relation de Merleau-Ponty aux philosophes qui l'ont précédé. Comment peut-il à la fois tant leur emprunter — et cependant demeurer à tel point lui-même ? Comment peut-il à ce point trouver sa pensée non pas dans celle d'autrui, mais audessus, en dessous, dans les marges, dans ce qu'il appellera l'*impensé* de celle d'autrui ? Répondre à cette question va

1. Nous n'en renions pas même la petite histoire. Après tout c'est Sartre, par un jour de printemps (avril 1946), à la terrasse du « Café de Flore », qui nous mit entre les mains *La phénoménologie de la perception.*

nous faire avancer dans l'intelligence de sa démarche, et dans la détermination de ce qu'il attend, de ce qu'il exige de la recherche philosophique.

Merleau-Ponty, il est aisé de le remarquer, ne fuit pas du tout, et moins qu'un autre, la référence à de multiples auteurs : philosophes, peintres, savants, politiques, écrivains. Souvent, il lui arrive de réfuter, de polémiquer, souvent aussi de se réclamer de l'argumentation ou du témoignage d'autrui. Il conteste Descartes (et Lagneau, Alain, Brunschvicg) dès ses premiers ouvrages. Dans *Le visible et l'invisible*, il réfute Sartre. Il se réclame au début de Kant, de Hegel, de Husserl, à la fin de Husserl, de Bergson, de Claudel, des stoïciens aussi et des présocratiques. Très souvent il se réclame dans un second temps de l'auteur qu'il a contesté, sans qu'il soit toujours aisé de préciser à quels points de vue successifs et différents il se place. Ainsi en use-t-il avec Bergson, avec Descartes, avec Leibniz. Même, ceux qu'il maltraite particulièrement, il prend soin de montrer en quel sens on peut les prendre en bonne part. Non qu'il les rectifie pour les récupérer ; il montre plutôt qu'ils ont eux-mêmes ébauché la critique qu'il leur adresse, et par là entrevu la vérité même dont ils paraissaient se détourner. Ainsi élève-t-il ce qu'il a abaissé, réhabilite-t-il Descartes[1], Lagneau[2], Alain même[3].

Un philosophe en effet n'a pas des amis ou des ennemis comme un stratège des alliés ou des adversaires. Il a, dans

1. *PP*, pp. 52-55 et *passim*. On confrontera, sur le problème de l'union de l'âme et du corps, le refus de la position cartésienne dans le cours de 1947-1948 publié par J. Deprun (*L'union de l'âme et du corps chez Malebranche, Biran et Bergson*, Vrin, 1968) et l'adhésion à la position cartésienne dans *VI*, p. 288 et *passim*.

2. *PP*, pp. 55-56.

3. *PP*, pp. 56-57.

une fraternité tendue, qui a besoin du conflit et de la dispute, des émules qui cherchent avec lui, contre lui tout aussi bien, une vérité qui soit la même devant tous, qui soit la Vérité. Merleau-Ponty la cherche comme s'il l'avait trouvée, la trouve comme devant être cherchée encore. Plus que beaucoup de ses contemporains il la tient pour universelle, et pour accessible à quiconque. Du même mouvement, il invoque la Vérité, la refuse à la prétention de celui qui s'est « appliqué à n'avoir que des idées éternelles »[1], et la détecte en toute entreprise humaine : « Notre rapport avec le vrai passe par les autres. Ou bien nous allons au vrai avec eux, ou ce n'est pas au vrai que nous allons »[2]. Ce qui ne signifie pas que les autres détiennent d'avance la solution et qu'on puisse trouver le vrai, comme disait Bergson, « dans le cahier du maître »[3].

Or « l'énigme de la philosophie... est que quelquefois la vie est la même devant soi, devant les autres et devant le vrai. Ces moments-là sont ceux qui la justifient. Le philosophe ne table que sur eux »[4]. On comprend alors avec quelle attention, quelle gravité le philosophe *interroge l'interrogation d'autrui*, singulièrement l'interrogation de ceux qui posent la question entière, qui sont les philosophes. Merleau-Ponty n'hésite pas à faire aux *Philosophes célèbres* l'hommage d'une publication collective dont il a été le maître d'œuvre[5]. Dans l'introduction qu'il rédigea pour cet ouvrage, il exprime quel fut le « grand souci » de ces penseurs, et c'était, affirme-t-il, « une vérité qui dépasse les opinions »[6]. Les

1. *S*, p. 161.
2. *Eloge de la philosophie*, p. 45.
3. *Ibid.*, p. 62.
4. *Ibid.*, p. 46.
5. *Les philosophes célèbres*, Paris, Mazenod, 1956, cf. *S*, pp. 158-200.
6. *S*, p. 158.

philosophes célèbres, et même un peu les autres, n'ont pas mis fin à ce souci par une découverte qui supprimerait toute question ultérieure, mais ils n'ont pas échoué car « il y a transgression, transcroissance du passé dans le présent, et la Vérité est un système imaginaire, contemporain de toutes les philosophies, qui saurait garder sans perte leur puissance signifiante, et dont une philosophie existante n'est évidemment que l'ébauche informe... »[1]. Ces ébauches de la Vérité majuscule existent donc pour notre chance, elles ne dispensent pas chacun de sa tâche, mais l'aident à connaître et à vivre. Et la Vérité majuscule, si elle est imaginaire en tant que système (car elle disjoint, en essayant de les joindre, les pauvres évidences que convoie notre langage), vit peut-être, *existe* peut-être en deçà de tout système. Nous ne sommes pas loin, avec cette vue de la vérité, des ambitions, apparemment démesurées, d'un Hegel, d'un Husserl.

Cette même vue de la Vérité nous permet de revenir à l'idée de phénoménologie, pour en discerner maintenant l'apport positif à la recherche de Maurice Merleau-Ponty.

Descartes et les cartésiens pensaient la substance. Kant le premier propose une notion non platonicienne du *phénomène*, solidaire des formes *a priori* de la connaissance, dans l'unité de l'expérience d'un sujet conscient mais fini. Merleau-Ponty n'est pas kantien dans la mesure où la conscience, affirme-t-il, appréhende « la nature », multiplicité liée par

1. *S*, p. 160, cf. *VI*, p. 242 : « Montrer qu'il y a un absolu, une philosophie, qui est immanente à l'histoire de la philosophie et qui n'est pourtant pas résorption de toutes les philosophies dans une seule, ni d'ailleurs éclectisme et scepticisme. »

une causalité qui comporte une « connexion intrinsèque »[1]. Il récuse donc le criticisme qui rejette cette notion d'une nature intrinsèque, au niveau du phénomène ; mais il demeure kantien par le souci d'intégrer ce naturalisme « dans une philosophie transcendantale »[2]. Plus exactement, Merleau-Ponty au départ de sa réflexion est post-kantien.

Il est aussi post-hégélien. Hegel appelait *phénoménologie de l'esprit* le devenir du savoir, le passage de la certitude sensible au savoir absolu par les chemins du doute et du désespoir[3]. La phénoménologie de l'esprit est « le système des figurations de la conscience, entendu comme vie de l'esprit s'ordonnant jusqu'à devenir le tout »[4]. Merleau-Ponty retient cette notion de Vie, d'abord spontanée, il retient l'idée de l'Esprit[5], et l'idée d'un devenir de la conscience où les étapes seraient figurées et reconnaissables, ainsi que la liaison de la conscience et du Tout.

Mais il refuse d'enchaîner hiérarchiquement ces étapes et d'admettre que la conscience, atteignant à la fin le savoir absolu, devienne le Tout. De la dialectique de Hegel il retient non la perpétuelle marche en avant qui n'est peut-être qu'un piétinement sans vraie conquête, mais le rythme d'aller et retour, le mouvement récursif. Ainsi il redit avec Hegel que le concept « n'est que l'intérieur de la nature »[6], réaffirme que « rentrer en soi c'est aussi sortir de soi »[7], redécouvre

1. *SC*, p. VIII ; cette notation permet d'interpréter le premier paragraphe de la page I.
2. *SC*, p. VII.
3. Cf. Jean HYPPOLITE, traduction de la *Phénoménologie* de HEGEL, t. II, index, p. 345.
4. *Op. cit.*, t. I, p. 247, et t. II, index, au mot « Phénoménologie ». Cf. *PP*, p. 339, où l'expression même de phénoménologie de l'esprit est assumée par MERLEAU-PONTY *au sens hégélien.*
5. Cf. *PP*, p. 400 : « un Esprit Objectif », et p. 146 ; et *SC*, p. 270, p. 274, p. 246.
6. Cité dans *SC*, p. 218.
7. Cité dans *VI*, p. 74.

l'intériorisation de l'immédiat dans l'élaboration du « travail »[1]. Hegel est sans doute allégué rarement, mais sa pensée, au-delà des références littérales, demeure pour Merleau-Ponty intimement proche, et disponible.

A partir de *Signes* cependant, et très ouvertement dans *Le visible et l'invisible*, l'auteur s'éloigne peu à peu de Hegel ; ce moniteur de Marx, puis de Sartre, ne pouvait demeurer le sien. La dialectique en un sens « c'est elle que nous cherchons »[2] mais « si l'on veut en garder l'esprit, il faut peut-être même ne pas la nommer » car, à la formuler, on la dénature. Il faudrait signifier que tout point de vue « conduit à son opposé ou à son propre renversement, et y conduit de son propre mouvement »[4], se renverse *lui-même*. La pensée fait elle-même sa route, s'élabore, se dédouble en un contenu manifeste et un contenu latent qui demeurent accrochés l'un à l'autre sans que chacun parvienne à se suffire, comme le philosophe s'accroche à la *situation* qui ne s'avère ce qu'elle est que par son témoin. « Chaque terme est sa propre médiation. » La Pensée et l'Etre conspirent en une totalité qui rayonne son propre sens et rassemble dans la manifestation de Soi la discorde initiale. Une telle dialectique ne méconnaît pas Hegel, si elle remonte jusqu'à Héraclite[5].

Mais est-elle praticable ? N'apparaît-elle pas instable au point qu'en formuler le processus en thèse reviendrait à la démentir, à la trahir, comme on le voit justement chez Hegel ? Alors la dialectique cesse de déchiffrer, pour déduire. Au lieu d'approfondir les questions anthropologiques, elle élabore mécaniquement des réponses théologiques. La *mau-*

1. Cf. *SC*, pp. 219 sq.
2. *VI*, p. 125, et tout le développement pp. 123-130.
3. *VI*, p. 126.
4. *VI*, p. 123.
5. Cf. *VI*, p. 125.

vaise dialectique devient un piège pour la pensée ; elle dicte une loi abstraite au lieu de recueillir la vie du contenu, son sens effectif. La *vraie dialectique* (et mieux vaut ne plus lui donner ce nom) serait « sans synthèse », à la croisée des deux chemins inverses où à l'exemple d'Héraclite elle trouve un unique chemin, son bon chemin.

Etre post-hégélien c'est donc remonter de la *Logique* à la *Phénoménologie*, puis en deçà ; c'est aussi redescendre de Hegel à Husserl et, au-delà, donner un sens neuf à l'idée de phénoménologie.

Husserl est encore notre contemporain. Il n'a pas accédé encore à cette « vérité seconde » qui à la fois objective, immortalise, embaume, tue et ressuscite dans une vie absente et glorieuse les philosophies « classiques ». Descartes est devenu classique en ce sens à partir de 1815, ou 1830, pas avant. Merleau-Ponty a pensé que Marx, vers 1960, l'était devenu[1]. Bergson sans doute l'est devenu aussi. Husserl, à notre sentiment, pas encore. Ce n'est pas que, depuis Charles Serrus, Emmanuel Levinas, Gaston Berger, manquent, en France, les savants travaux. C'est qu'il est trop mêlé encore à nos pensées. A celle de Jean-Paul Sartre, à celle de Merleau-Ponty précisément. Si l'on peut aujourd'hui discerner la pensée de Platon et ce qu'en a retenu Aristote, la pensée de Descartes et ce qu'en a retenu Malebranche, ou Maine de Biran, on ne peut discerner encore la pensée de Husserl et ce qu'en a retenu Merleau-Ponty, puisque, dans une large mesure, c'est sa vue de Husserl qui nous a, en France, appris Husserl. Certes, l'on voit aisément ce que le Husserl de Merleau-Ponty apporte de

1. Cf. *S*, Préface (février et septembre 1960), pp. 11 à 20, spécialement pp. 16 et 17.

neuf par rapport au Husserl de Serrus par exemple (enfermé dans l'alternative d'une déduction rigoureuse, mais vide, et d'une intuition riche, mais irrationnelle), et l'on doit bien reconnaître aussi que les thèmes de l'horizon du vécu, de l'inachèvement de la *réduction*, de l'historicité de la réflexion — les thèmes que Merleau-Ponty désigne à notre regard — sont effectivement chez Husserl. Mais y sont-ils dans la fonction que Merleau-Ponty leur assigne ? C'est là tout le problème. Ainsi (ce n'est qu'un exemple), l'*horizon* chez Husserl nous permet d'explorer le monde, d'ouvrir derrière un point de vue perspectif un autre point de vue, d'entrer indéfiniment dans la familiarité du monde et d'y vivre. Pour Merleau-Ponty, l'horizon est aussi, et peut-être surtout, la *barrière* que l'on peut déplacer quelque peu, mais non pas franchir : l'horizon nous met face à face devant une limite, et en quelque sorte tête à tête avec la mort[1].

Nous pourrions poursuivre le parallèle. Husserl et Merleau-Ponty sont des contemporains, et nos contemporains, mais le détail de leurs différences ne peut nous retenir, l'étude de Husserl n'étant pas ici notre propos, et la lecture qu'en fait Merleau-Ponty se voulant très libre. « Si jamais histoire a appelé notre interprétation, écrit-il, c'est bien l'histoire de la philosophie »[2]. Dans deux notes de travail datées de mai 1959, et plus que jamais méditant les marges de Husserl, il revient à ce refus d'une histoire de la philosophie qui serait « insignifiante à force de vouloir être « *objective* » »[3] et lui oppose une « histoire verticale »[4], relative à « l'ensemble hiératique de l'Etre »[5].

1. Cf. *VI*, p. 136.
2. *PP*, Avant-Propos, p. II.
3. *VI*, p. 239.
4. *VI*, p. 240.
5. *VI*, p. 241.

Ces vues difficiles — relier le devenir horizontal à une dimension verticale, celle de « l'éternité existentielle »[1], et par là à cette forme du sacré sans transcendance séparée que Merleau-Ponty désigne par le terme : *hiératique*, n'est certes pas aisé à concevoir —, ces vues précisent l'espoir de trouver dans l'histoire une vérité qui, sans ignorer cette histoire, la « transgresse » et demeure elle-même. Et c'est cet espoir qui encourageait Merleau-Ponty à réunir sous les yeux du lecteur d'aujourd'hui les *philosophes célèbres* de tous les temps.

A travers l'usage que fait l'auteur du passé de la philosophie, nous commençons à apercevoir un peu ce que lui-même cherche, ce que lui-même trouve. Mais avant de lui donner directement la parole, nous devons encore examiner deux cas très singuliers, qui vérifient nos observations précédentes. Il s'agit de la relation de l'auteur à Sartre, et de sa relation à Bergson.

Ce qui d'abord apparaît surprenant, c'est que Sartre, ami dans la vie, ami en Husserl, en Heidegger aussi, est au début adopté et même suivi parfois de très près dans ses analyses, mais pour être à la fin radicalement contesté et philosophiquement mis en pièces. Tandis que dans le même temps Bergson est traité d'abord sans ménagement, ensuite peu à peu réinterprété, réhabilité, enfin réinventé, ressuscité au point d'être consulté comme un oracle et comme un guide.

Il faut comprendre le pourquoi de ce chassé-croisé. Un point est clair, c'est l'antinomie entre Bergson et Sartre.

1. *Ibid.*

Positivité de l'un, négativité de l'autre. Primat de la Nature, et même de Dieu chez l'un, primat de l'homme chez l'autre. Amour mystique chez l'un, action révolutionnaire chez l'autre. Quoi d'étonnant alors si Bergson davantage écouté, c'est Sartre davantage écarté. Ainsi, dans tels baromètres de fantaisie, quand la figurine au parapluie paraît, l'autre figurine, emblème du beau temps, va se cacher dans le chalet miniature.

L'explication la plus simple consisterait à dire : Merleau-Ponty, d'abord phénoménologue, existentialiste, ami de Sartre, est devenu tout autre chose, philosophe de l'*en soi*, attentif à l'invisible, ami de Bergson.

Or cette explication ne tient pas un seul instant. Si vers 1945 certains se réjouissaient de pouvoir feuilleter *deux versions* de l'existentialisme, l'une abrupte, radicale et douée d'une séduction percutante, d'une puissance de choc — et c'est la version de Sartre —, l'autre mesurée, solide, nuancée aussi, dont le sérieux fait la séduction, leur illusion ne peut plus aujourd'hui nous égarer.

Les thèmes essentiels de *Signes*, les thèmes du dernier livre, *Le visible et l'invisible* sont déjà agissants dans les premières œuvres, nous le montrerons. Un certain malentendu concernant Bergson s'est peu à peu dissipé. Et les réserves fondamentales qui se développent progressivement à l'égard de la pensée de Sartre étaient déjà nettement esquissées dès 1945[1].

Merleau-Ponty, engagé aux côtés de Sartre dans l'entreprise de la revue *Les Temps modernes* (revue littéraire et

1. Cf. *SNS*, p. 126 et p. 133 : « Nous avons dit plus haut que *L'Etre et le Néant* sur ce point nous paraît appeler une suite et qu'on attend de l'auteur une théorie de la passivité. » La réserve est aussi fondamentale que discrètement énoncée.

politique aussi bien que philosophique), a sagement accepté de passer longtemps, aux yeux du lecteur hâtif, pour la doublure de Sartre, pour un Sartre aux habits sérieux et comme en costume du dimanche. En se démarquant *alors* d'un Sartre en butte aux équivoques de la célébrité, il n'aurait pu susciter que des contresens. S'il ne veut pas de Sartre, aurait-on pensé, c'est donc un pur marxiste, ou c'est un chrétien, ou ce n'est rien. L'histoire lui forçait la main, l'obligeait de paraître, depuis 1945 jusqu'à 1952, le frère jumeau de Sartre. A. de Waelhens évitait le piège en multipliant, dans son livre de 1951, les confrontations entre Merleau-Ponty et Husserl, ou Heidegger, plutôt qu'avec Sartre. Aujourd'hui, on peut faire le point, aidé en cela par ce que les deux compagnons ont écrit depuis l'un de l'autre[1]. L'opposition est d'abord philosophique, elle ne porte pas d'ombre sur la vie partagée et les entreprises communes. Précisons d'ailleurs que nous n'entendons pas séparer ceux qui ont voulu longtemps agir ensemble, encore moins porter atteinte à ce que leurs relations personnelles eurent d'exigeant et d'exemplaire, et que le témoignage de l'un comme de l'autre nous porte à admirer profondément. Nous nous interdisons résolument l'enquête plus indiscrète que passionnante qui voudrait s'attacher à la diversité des tempéraments, ou arbitrer ridiculement les conflits. Ne manqueront jamais les médecins légistes des âmes, et pas non plus les chroniqueurs politiques qui diront si la guerre de Corée donnait raison à l'un ou à l'autre.

Il y a débat philosophique, même s'il demeurait masqué

1. Notamment toute une partie de la Préface de *Signes*, pp. 32-47, qui s'adresse pudiquement à Sartre à travers l'évocation de Nizan. Voir, d'autre part, l'article que Sartre écrivit après la mort de son ami : Merleau-Ponty vivant, *Les Temps modernes*, n°s 184-185, pp. 304-376.

en 1945. Il ne se déroule pas dans l'empyrée des principes, et peut comporter des implications historiques, politiques, mais déborde toute confrontation partielle et anecdotique.

La priorité des publications compte assez peu. Sartre a publié sur Husserl, ou plutôt à partir de Husserl, dès 1936. *La structure du comportement*, de Merleau-Ponty, rédigée en 1938, ne fut publiée qu'en 1942. Quelques mois plus tard Sartre donnait *L'Etre et le Néant*, etc. Partie nulle. Cette question des priorités paraît tranchée, un peu ironiquement, par une note signée *Les Temps modernes* parue dans cette revue après la mort d'Emmanuel Mounier. Si son auteur est bien Merleau-Ponty, comme nous le présumons, elle signifie en tout cas clairement que Sartre ne saurait revendiquer aucune priorité[1].

Dans *La structure du comportement*, l'adhésion aux philosophies de l'existence est présentée comme résultant de la convergence des recherches propres de l'auteur, qui s'appuie directement sur Watson (lequel n'a jamais lu Husserl ni Heidegger), sur Köhler, sur Goldstein (qui eux ont lu Husserl), avec « ce que d'autres ont appelé l'*existence* »[2]. Il n'y a pas en effet identité, mais convergence entre la critique que fait Merleau-Ponty du causalisme de Freud[3] et celle de Sartre dans *L'Etre et le Néant*. La convergence est partielle, et concerne seulement l'épistémologie positiviste de Freud, non pas ses intuitions profondes, qui sont chaleureusement commentées dans *La phénoménologie de*

1. Voici cette note : « Le premier de notre génération E. Mounier a délibérément pratiqué cette philosophie du présent, cette « pensée engagée » dont nous avons, suivant son exemple, reconnu plus tard la nécessité. » La note est suivie de l'annonce de la publication d'un inédit de Mounier dans un prochain numéro des *Temps modernes*. Il ne semble pas, sauf erreur, que cette publication ait eu lieu. La note précitée se trouve p. 1906 de l'année 1949-1950 de la revue.

2. *SC*, Introduction, p. VIII.

3. *SC*, pp. 240-244.

la perception[1]. La critique de Freud se réclame du reste, comme chez Sartre, de la *Critique des fondements de la psychologie* de Politzer. Mais déjà s'amorcent les divergences. Sartre pourrait-il admettre un « sens autochtone »[2] des procès et des normes biologiques ? Pourrait-il admettre la portée singulière de ce « phénomène authentique » qu'est pour Merleau-Ponty « l'expérience de la passivité »[3] ? Pourrait-il admettre de considérer le corps propre, envisagé comme « le corps en général », comme « le sol », même « dialectique », sur lequel s'opère la « mise en forme supérieure » qui est le sens et qu'on peut toujours appeler « l'âme »[4] ?

Il y a plus. L'auteur ne vise-t-il pas expressément — même sans nommer le philosophe qu'il conteste — la problématique de Sartre lorsqu'il écrit : « Dans l'expérience des comportements, je dépasse l'alternative du pour soi et de l'en soi »[5]. Et surtout lorsqu'il établit que la « voie courte » du *cogito*, si elle révèle sans doute que la subjectivité est inaliénable, fait manquer cependant l'essentiel du *comportement*, son paradoxe constitutif : car s'il n'est pas une chose, il n'est pas non plus une idée et « comme témoin d'un comportement, je ne suis pas une pure conscience »[6].

C'est bien la réponse à Sartre qui, dans *L'imaginaire*, s'appuyait sur la réflexion pour avancer que l'image mentale — jusqu'à la perception de mon ami Pierre reconnu sur une photographie — est « une conscience »[7]. Merleau-Ponty s'accorde avec Sartre pour refuser la substance cartésienne,

1. *PP*, pp. 194-197.
2. *SC*, p. 208.
3. *SC*, p. 294.
4. *SC*, p. 286, et la note.
5. *SC*, p. 170.
6. *SC*, p. 171.
7. *L'iwaginaire*, 1re Partie : Le certain.

et la notion de vie intérieure ; il n'en cherche pas moins à faire entrer la nature, conçue comme un ordre autonome comportant « connexion intrinsèque », dans la « pensée dialectique » telle qu'il la conçoit[1]. Nous sommes bien loin du *pour soi* et de l'*en soi*, de la pure liberté et de l'opaque facticité selon Sartre. Mais *La structure du comportement*, ce premier livre un peu secret, ne révèle qu'obliquement, souterrainement, ses implications ontologiques.

La phénoménologie de la perception est plus explicite. L'auteur cependant tente de jouer le jeu de cette *pensée à plusieurs voix* en quoi consiste ce qu'il appelle le « mouvement » existentialiste. Il est ainsi conduit à prendre ouvertement des analyses de Sartre tout ce qu'il en peut retenir, en indiquant ses réserves *pianissimo*. Ce qu'il prend à Sartre (ou à Pascal), c'est le thème de la *conscience agile*, dans sa volubilité infinie. C'est aussi le thème du conflit, thème sartrien, thème hégélien, qui détermine ma relation à l'autre conscience. Un travail récent[2] observe très justement que l'auteur dans plusieurs de ses ouvrages « fait ce que nous appellerons des concessions, mais sans même les faire ouvertement », parfois au détriment de la cohérence ; « ainsi, dans *La phénoménologie de la perception*, Sartre apparaît souvent en filigrane, mais toujours comme une sorte d'ajout non intégré au schéma général et fondamental de la pensée de Merleau-Ponty »[3].

Par exemple le chapitre sur *le corps comme être sexué* développe cette « dialectique du moi et d'autrui qui est celle du maître et de l'esclave », par la fascination du regard[4].

1. *SC*, Introduction, p. v et p. VIII note.
2. Marie-France CHEVALIER, *Trois esquisses sur la vision chez Merleau-Ponty*, mémoire de maîtrise, Grenoble, 1968.
3. *Ibid.*
4. *PP*, p. 194.

Mais cette adoption voyante d'une thèse de Sartre n'est qu'une demi-concession. Il suffit de lire jusqu'au bout le chapitre pour s'en assurer, et pour voir la thèse se renverser dans l'affirmation première de la « coexistence paisible » des consciences : « Avec le *cogito* commence la lutte des consciences, dont chacune, comme dit Hegel, poursuit la mort de l'autre. Pour que la lutte puisse commencer, pour que chaque conscience puisse soupçonner les présences étrangères qu'elle nie, il faut qu'elles aient un terrain commun et *qu'elles se souviennent de leur coexistence paisible dans le monde de l'enfant* »[1]. La lutte n'est plus qu'une modalité dérivée d'une coexistence qui ne la comportait pas d'abord.

On peut donner maints exemples de ces concessions plus apparentes que réelles. Merleau-Ponty présente favorablement au public, et même au grand public dans *Le Figaro littéraire*, l'écrivain Sartre[2]. Il épouse « La querelle de l'existentialisme »[3]. Il attache une importance extrême au roman de Simone de Beauvoir, *L'Invitée*[4]. Le soin des analyses ne garantit pourtant pas du tout l'assentiment total de l'analyste. Mais on ne s'en avise guère à la première lecture, car l'adhésion est manifeste et la réserve latente. Merleau-Ponty n'approuve Sartre que pour certaines raisons qui sont les raisons de Merleau-Ponty, et qu'il donne. Il ne l'approuve donc que dans les limites que tracent ces raisons. Au-delà, il se tait. Il serait fort imprudent ici d'appliquer la maxime : « Qui ne dit mot consent. » L'accord, lorsqu'il est exprimé, est aussi décidé et chaleureux qu'il est étroit.

1. *PP*, p. 408.
2. *SNS*, Un auteur scandaleux, pp. 73-84.
3. *SNS*, pp. 123-143.
4. *SNS*, Le roman et la métaphysique, pp. 45-71.

Le désaccord est discret. Ainsi, nous l'avons vu, en ce qui concerne l'expérience de la passivité[1]. Ou encore l'auteur écrit simplement : « On peut souhaiter que cette liberté se réalise en images littéraires plus lourdes »[2], et marque ainsi une divergence doctrinale tout à fait fondamentale.

Sans doute ces critiques ne sont-elles ni développées, ni argumentées. Nous y insistons, car elles révèlent que dès 1945 la pensée de Sartre est aux yeux de Merleau-Ponty *une autre pensée*, stimulante, fraternelle sans doute, *étrangère*. Chacun est seul à être soi. L'auteur explicitera ses raisons plus tard : dès le début il a pris conscience de l'écart. Il m'a reproché, a écrit Sartre, à propos de divergences d'un autre ordre, « d'avoir exposé *notre* point de vue à des tiers sans tenir compte de *ses* réserves »[3]. L'optimisme de Sartre minimisait le désaccord, à moins (nous le disons sans malice) qu'il lui fût commode et tentant de *s'ajouter* Merleau-Ponty, qui ne pouvait, ne daignait alors, se *soustraire* de Sartre pour faire éclater son apport original. « Ma faute, confesse Sartre, était plutôt de laisser tomber les décimales pour réaliser plus vite l'unanimité »[4]. Cela peut se justifier s'il s'agit d'une analyse et d'une attitude politiques. En philosophie, les décimales comptent autant que les unités, et les philosophes quasi unanimes ne le sont pas du tout.

Merleau-Ponty écrivit pour la dernière fois dans *Les Temps modernes* en 1952. *Les aventures de la dialectique* (1955) proclament la rupture idéologique. Et si, dès 1960, la Préface de *Signes* reprenait obliquement le dialogue avec Sartre[5],

1. Cf. *SC*, p. 294, *SNS*, p. 133 et *supra*, p. 25, n. 1 et p. 28.

2. *SNS*, p. 84, cf. pp. 125-126 : le sujet selon Sartre « a besoin d'être porté dans l'être » (Sartre ne l'y découvre pas enraciné).

3. *Merleau-Ponty vivant*, p. 307.

4. *Ibid.*

5. *S*, pp. 32-47. A la révolte que Sartre donne en exemple chez Nizan, l'auteur oppose l'attente, le courage, l'espoir.

la rédaction de cette Préface est très proche dans le temps de ce qu'il faut appeler la réfutation de Sartre qui figurera dans l'ouvrage posthume[1].

Nous reviendrons sur ces pages, dont nous voulons seulement montrer la vigueur et la rigueur, et qui prononcent une condamnation. Après avoir patiemment exposé la doctrine de la négativité chez Sartre (« en un sens la pensée du négatif nous apporte ce que nous cherchions »[2]), l'auteur lui reproche de « mettre la philosophie au point mort ». Le négativisme absolu, formulé en thèse, est négativisme du pour soi, et du même coup positivisme absolu, affirmation parallèle de l'en soi. Cette affirmation par là *n'est autre que* l' « abnégation »[3] du sujet. L'Etre ainsi n'a pas une véritable épaisseur, c'est toujours moi « qui le porte à bout de bras »[4]. Cette philosophie ne fait que *survoler* la situation : Sartre et son lecteur parlent toujours du même néant, du même être, et ne sont pas concernés par le mouvement qui fait passer l'être et le néant l'un dans l'autre, mouvement qui demeure du même coup, dans la doctrine de Sartre, purement « illusoire »[5].

D'autre part, Sartre parle du problème d'autrui, mais ne rend pas compte *philosophiquement* de l'expérience d'autrui, elle se volatilise dès qu'il la relie à sa doctrine négativiste : en effet l'autre n'est chez Sartre qu'un *non-moi* neutre, « il n'a force aliénante que parce que je m'aliène moi-même »[6] et nous ne sortons pas du solipsisme.

Il faut penser autrement la conscience, et par suite le

1. *VI*, pp. 75-141, et Notes de travail, *passim*. Cette réfutation anticipe parfois l'autocritique du premier Sartre par le second dans la *Critique de la raison dialectique* et *Les mots*.
2. *VI*, p. 93.
3. *VI*, p. 97.
4. *VI*, p. 97.
5. *VI*, p. 99.
6. *VI*, p. 100.

monde, autrui, l'Etre même, car tous les problèmes fondamentaux sont solidaires. Merleau-Ponty, pour sa part, affaiblit l'*ego* et du même coup retrouve dans le monde un relief, y discerne perspectivement des « degrés d'être », et justifie alors l'apparition, au milieu même du monde que je vois, d'autrui, qui me voit (et me voit dans ce monde que je croyais survoler, surplomber d'un regard d'aigle). Précisément, parce que la vie d'autrui telle qu'il la vit est pour moi « une expérience interdite »[1], parce que je reçois l'atteinte de son regard sans pouvoir coïncider avec lui, nous devenons les uns pour les autres « un système de Pour soi, sensibles l'un à l'autre, dont l'un sait l'autre »[2], cet autre qui est devenu un témoin dans ce monde où nous *coexistons*. La coexistence réelle peut être affirmée puisqu'il y a connaissance effective d'autrui, « perception positive de l'ipséité par une ipséité extérieure »[3].

Autrui me voit, je vois qu'il me voit, j'éprouve alors décisivement qu'il « me rend, tant qu'il est là, incapable de solitude »[4].

Il en va de même avec les choses. « Voir n'est plus simplement néantiser »[5], les choses attirent mon regard, mon regard y revient, « caresse les choses » et nous fait entre elles et nous *entrevoir*[6], c'est le mot propre, une sorte de complicité. Au lieu que la conscience pure de Sartre n'est complice que de sa violence interne, chez Merleau-Ponty la conscience est incarnée ; sans la chair nous ne saurions nous rendre complice du monde et des autres.

1. *VI*, p. 110.
2. *VI*, pp. 113-114.
3. *VI*, p. 102.
4. *VI*, p. 109.
5. *VI*, p. 107.
6. *Ibid.* : « Nous entrevoyons une complicité. »

La conscience incarnée nous introduit dans l'Etre total, car « c'est le même monde qui contient nos corps et nos esprits »[1]. Le monde, ce « champ d'apparences », révèle qu'au sens fort du grec *To legein* « il y a cohésion, il y a sens »[2]. Le *Logos* nous enveloppe dans son unité indéchirable. Ce Logos, que l'auteur appelle aussi, dans le langage de Sartre, un En-Soi-pour-soi, est plus qu'un imaginaire comme le dit Sartre, c'est un mythe, « un imaginaire opérant qui fait partie de notre institution »[3]. Quand Sartre enferme tout sous la conscience, Merleau-Ponty réserve la part des choses, la part des autres, celle enfin d'une Totalité qui trouve la conscience ou que la conscience trouve sans la constituer. Ainsi, la pensée de Merleau-Ponty finit par s'articuler à partir de celle et contre celle de Sartre.

Merleau-Ponty n'a jamais été Sartre, ni philosophiquement proche de Sartre. Mais va-t-il — c'est la seconde question que nous avons amorcée — devenir proche de Bergson ? C'est ce que nous examinons maintenant.

Si aucun monde intelligible qui pourrait être le même pour tous ne précède ce que chacun voit, il paraît d'abord bien improbable que deux pensées se rejoignent : « Dès qu'on accède au vrai, c'est-à-dire à l'invisible, il semble plutôt que les hommes habitent chacun leur îlot, sans qu'il y ait de l'un à l'autre transition, et l'on s'étonnerait plutôt qu'ils s'accordent quelquefois sur quoi que ce soit »[4]. Pour-

1. *VI*, p. 29, c'est pourquoi la résurrection d'un « corps glorieux » (p. 195) y est moins inconcevable que l'immortalité d'une âme.
2. *VI*, p. 121.
3. *VI*, pp. 117-118.
4. *VI*, p. 30.

tant, c'est bien ce que l'on constate. Bergson, par exemple, d'abord jaugé, jugé, défenestré, est à petits pas peu à peu réhabilité par l'auteur, réemployé, réutilisé ; sa grande ombre poursuit Merleau-Ponty comme un remords. Inquiet, mortel, il a besoin qu'aux Champs-Elysées Bergson paisible, immortel revive toujours jeune, que sa pensée la plus profonde continuellement renouvelle sa leçon de vérité.

La première étape, c'est Bergson refusé. Sans doute Merleau-Ponty ne récuse pas d'emblée, il adopte la formule des « données immédiates de la conscience »[1], car il part des données phénoménales de la perception. Mais il le fait sans référence à Bergson, sans égard pour l'antériorité du premier chapitre de *Matière et Mémoire* sur les *Ideen* de Husserl. Au contraire il relève vivement : « Ce n'est pas à Bergson, c'est à Kant qu'il faut faire remonter cette idée que la perception du point O est au point O »[2]. Merleau-Ponty suit en somme Bergson dans la critique de l'associationnisme et de la sensation considérée comme une « mosaïque »[3], dans le refus d'une conception des localisations cérébrales qui ferait fonctionner le cerveau point par point. Mais la proximité des conclusions n'est même pas signalée. Par une sorte de bouderie, Merleau-Ponty réussit à énoncer sa conception des localisations cérébrales *sans aucune référence à Bergson*[4]. C'est que la fonction des deux conceptions de la localisation cérébrale, pourtant si voisines dans leur énoncé, est très différente. Ce que Merleau-Ponty reproche à Bergson, c'est de demeurer partiellement matérialiste, matérialiste quant au corps ; ce qu'il refuse c'est le dualisme

1. *SC*, p. 3, cf. p. 119.
2. *SC*, p. 271.
3. Comparer *Evolution créatrice*, chap. II, et *SC*, p. 66.
4. *SC*, chap. I, *passim*, et chap. II, pp. 77-101 ; cf. *Table*, p. 312 : « Le *secteur central* du comportement et le problème des localisations. »

bergsonien de *Matière et Mémoire*. L'unité — une unité *mélodique* —, Bergson l'accorde au « qualitatif », saisi d'abord dans la conscience, puis référé à l'Univers. Cette unité est celle d'une âme qui s'oppose un corps ou une matière. Une note de *L'évolution créatrice* parle d'une âme du monde. Le corps pour Bergson « a des propriétés physiques seulement », voilà la thèse que Merleau-Ponty ne peut admettre. Le corps ni le cerveau ne peuvent être pensés comme un « clavier », un « bureau téléphonique », selon les expressions de *Matière et Mémoire*, ni même un piano, le corps serait plutôt comme un pianiste imposant l'unité de son style[1].

Ce désaccord est métaphysique et gnoséologique. La qualité selon Bergson est d'un autre ordre que le corps étendu dans l'espace, et cet immédiat de la qualité et de la durée nous apporte l'absolu. Bergson affirme, selon le mot de Jean Wahl, *la cognoscibilité de l'absolu*, et retrouve partout, par intuition, en laissant l'espace se détacher comme une peau morte, le pur et le plein. La puissance d'une vie, l'élan d'une énergie spirituelle prévaut sur l'intelligibilité de l'idée comme sur l'opacité du fait. Merleau-Ponty refuse, et en cela c'est à la philosophie critique qu'il se rattache, ce bond au cœur du réel que l'intuition prétend opérer. Il aperçoit chez Bergson un « vitalisme raffiné »[2], une conception « magique »[3] de l'élan vital, contrepartie de sa théorie « purement motrice »[4] de l'action. Merleau-Ponty ne s'évade pas vers le pur. Il n'en est pas besoin si le corps lui-même touche l'esprit, étant capable d'une sorte de subli-

1. Cf. *SC*, pp. 8-9 et 114. Gabriel Marcel opposait déjà à Bergson que le corps est « à la fois l'instrument et l'instrumentiste ».
2. *SC*, p. 213, cf. *PP*, p. 70 : Bergson s'exprime par « incantation ».
3. *SC*, p. 213.
4. *SC*, p. 220.

mation concrète. Il peut devenir « corps glorieux »[1], demeurant chair plutôt que matière déterminable. Le corps est à l'esprit beaucoup plus que le clou dont parlait Bergson n'est au vêtement, un « support corporel ». Le corps ne se défalque pas de son opération, étant davantage qu'un instrument, capable non seulement d'action motrice au sens des physiciens, mais de *travail*, en débat perpétuel avec son milieu, c'est-à-dire avec le monde.

Chez Bergson, l'esprit descendait, se *posait* sur la matière dans l'intuition. Chez Merleau-Ponty l'homme monte et se fait esprit, jusque dans son corps. Ces deux mouvements vont-ils, en se croisant mutuellement, se rejoindre ? On peut le penser à lire l'*Eloge de la philosophie* (1953) qui ratifie certaines appréciations antérieures mais apporte un correctif important. Merleau-Ponty signale maintenant ce qu'il rejette de la pensée bergsonienne pour mieux dégager ce qu'il déclare expressément en retenir. Il rejette le positivisme du pur et du plein, et l'intuition si elle est « prise massive sur l'être, sans exploration, sans mouvement intérieur du sens »[2]. Aussitôt il ajoute que cet « aspect du bergsonisme, le plus facile à voir... n'est ni le seul ni le plus valable »[3]. Bergson est en effet sensible à l'*hésitation du temps*, aux rapports vivants et difficiles de l'esprit avec le corps. Il n'y a donc pas fuite par en haut, transcendance figée, mais refus de choisir entre l'immanence et la transcendance. Si, comme l'affirme Bergson, « quelle que soit l'essence intime de ce qui est et de ce qui se fait, nous en sommes »[4], la saisie de l'être passe nécessairement par nous-

1. *VI*, p. 195.
2. *Eloge de la philosophie*, p. 21.
3. *Ibid.*
4. *Eloge de la philosophie*, pp. 25-26.

mêmes, notre perception est un « rapport obsessionnel avec l'être » qui devient, plutôt que révélation intuitive, rapport « problématique ». Le philosophe crée la solution parce qu'il pose le problème. La durée réelle, c'est lui qui l'interprète. Dire que l'absolu descend en nous signifie au fond que nous avons le pouvoir de l'évoquer[1]. Ce n'est pas seulement faute d'avoir pu dire une intuition qui demeurerait ineffable, mais *pour la dire*[2] que le philosophe parle. L'intuition n'est pas sans le foisonnement des mots et des concepts, tout autour, et l'esprit se caractérise par l'*ubiquité*, refuse de se tenir en place. Bergson est donc passé, *volens nolens*, d'une philosophie de l'impression à une philosophie de l'expression.

De notre côté, et dans le même sens, nous avons tenté de montrer que la notion d'espace, davantage que le repoussoir de la durée, en est le révélateur. La durée qui est « *latitude* de création » s'exprime en des productions visibles qui veulent l'espace pour s'y déployer[3].

Reste à nous demander si cette philosophie de l'expression se trouve vraiment chez Bergson, et surtout si elle annule le premier aspect, le réalisme spirituel. Merleau-Ponty a peut-être quelque peu tiré à lui, rapproché de lui l'auteur de *L'évolution créatrice.* N'oublions pas que Bergson invoque parfois Plotin. Bergson insiste, plus que sur l'originalité humaine de l'expression, sur la transcendance de son origine. Dieu n'est loin de rien, l'homme n'est donc pas loin de l'Etre, mais l'homme n'a pas l'initiative. La conversion

1. *Ibid.*, pp. 26-27.
2. *Ibid.*, p. 29 (souligné par Merleau-Ponty).
3. Cf. F. HEIDSIECK, *Henri Bergson et la notion d'espace*, 1957. Merleau-Ponty dans un cours inédit a analysé cet ouvrage et l'a discuté. Il en a admis la perspective générale, et cependant défendu, dans son principe, la critique par Bergson des temps multiples d'Einstein.

est l'envers, la procession est l'endroit : de l'absolu d'abord procèdent les réalités finies. Merleau-Ponty finit par accorder, dans un Appendice à l'*Eloge de la philosophie*, que la vraie pensée de Bergson est là : « Sans doute la phénoménologie de la vie n'aurait-elle été pour lui qu'une préface à l'explication de la vie par la conscience »[1]. Ou par la « supraconscience », comme Bergson le dit une fois dans *L'évolution créatrice*. La philosophie de l'expression dont Merleau-Ponty a parlé constitue donc un bergsonisme possible, dans lequel Bergson s'est engagé quelque peu, mais pas au point de renverser le mouvement d'une pensée qui *redescend* de l'absolu à l'homme. Or Merleau-Ponty n'a jamais quitté l'homme pour un absolu posé ailleurs : il ne connaît que *l'absolu dans les hommes*[2].

Pourtant — c'est le troisième temps de la confrontation — Merleau-Ponty allait retrouver l'orientation vers la transcendance, vers le *Logos*. Alors, renonçant à rapprocher Bergson de sa propre pensée, c'est lui qui s'approche de Bergson. Si la lumière avait une voix et que nous fussions capable d'entendre son « cri inarticulé »[3], l'univers trouverait un sens et une unité qui nous seraient accessibles et, commentons-nous, redeviendrait (comme est l'univers selon Bergson) *intérieur à nous*.

Qu'on accepte ou non l'interprétation proposée de ce passage de *L'œil et l'esprit*, Merleau-Ponty, en son hommage à Bergson pour le Centenaire de 1959, en parle sur un ton nouveau. Il ne critique plus Bergson maintenant, mais seulement le bergsonisme, chez les disciples. Il aperçoit un Bergson contesté, audacieux, hardi, qui ne prétend pas

1. *Eloge*, p. 91.
2. Cf. *SNS*, p. 166.
3. *Œ*, p. 218 ; l'expression est traduite d'Hermès Trismégiste.

déduire le monde, mais procède au repérage discontinu de plusieurs « foyers d'être » : le moi qui dure, la vie, Dieu Amour : « Le savoir absolu n'est pas survol, il est inhérence. C'est une grande nouveauté en 1889, et qui a de l'avenir, de donner par principe à la philosophie, non un *je pense* et ses pensées immanentes, mais un Etre-soi dont la cohésion est aussi arrachement »[1]. Et, dans *Matière et Mémoire*, Bergson retrouve au cœur de l'homme un sens présocratique et « préhumain » du monde[2], le monde existant lui-même se fait l' « image médiatrice » de toutes les intuitions.

Bergson sans doute n'a pas de manière analogue pensé l'histoire du dedans. Sa « mystique sans corps mystique », et sans assez de corps, « propose à l'individu une sorte de quiétisme » devant un Dieu qui est « immense plutôt qu'infini »[3]. Et qui ressemble, en ceci, à l'Etre absolu selon Merleau-Ponty dans ses dernières œuvres. Le conférencier conclut cet hommage du Centenaire par un souhait : « Il aurait été beau que le même regard des origines se reportât ensuite sur les passions, les événements, les techniques, le droit, le langage, la littérature, pour en trouver le spirituel propre, en les prenant comme mouvements et prophéties d'un homme hiératique, chiffres d'un esprit interrogatif »[4].

Qu'est-ce à dire, sinon que Bergson pour une part est déjà cet augure ou ce prophète, cet homme *hiératique*, c'est-à-dire agent et interprète d'un sacré qu'il porte en lui. Bergson, modeste et tenace, « irréductible », le voilà bien *le héros, l'homme*, et l'on peut s'étonner de cette apothéose, très révélatrice de la pensée cachée de notre auteur. Il a viré

1. Bergson se faisant, *S*, pp. 231-232.
2. *S*, p. 233.
3. *S*, p. 239.
4. *S*, p. 240.

d'un humanisme décidé à une sorte de théologie du *Logos* anonyme qui s'exhale dans l'Univers, aux articulations du Tout. Dans sa nostalgie du sacré, Merleau-Ponty va sacraliser l'homme. Le héros, comme chez les Anciens, redevient demi-dieu. Un héros de la philosophie rayonne le sacré, est homme hiératique. Ce ne peut être l'apanage de Sartre, agile et fuyant Méphisto. Mais Bergson ! Merleau-Ponty lui envie la conviction d'un absolu authentique, qui est davantage que l'envers imaginaire des incertitudes humaines — ce qu'il appelle son « quiétisme »[1]. Merleau-Ponty peut ouvertement louanger, dans l'intuition selon Bergson, le « miroitement ambigu », il envie silencieusement la solidité, la sérénité inentamable du métaphysicien qui savait percevoir « l'absolu sous nos yeux », Dieu même présent et agissant dans ses créations. Merleau-Ponty appréciait les assurances de Bergson *car* il ne les partageait pas. Plus exactement, il les partageait par Bergson interposé, à travers le témoignage du philosophe, à travers ce qu'il était parvenu à penser. Il fallait que Bergson fût l'homme hiératique institué, intronisé par son lecteur pour que la magie opérât et que l'absolu vraiment fût « sous nos yeux ». Du fait même que Merleau-Ponty ne pouvait rejoindre naïvement les *évidences simples* dont parlait Bergson, il fallait, indéfiniment, qu'il le ressuscitât. L'échec plein d'espoir de Merleau-Ponty se nourrit du triomphe sans illusion de Bergson, non moins assuré du mal réel, dans le monde, que d'un absolu, de Dieu, pur de tout mal, au-delà.

Ainsi Bergson est d'abord tenu pour un dogmatique et rejeté. Puis adopté partiellement et ramené à la phénoménologie de l'auteur. Enfin ce dernier est comme aspiré par

1. *S*, p. 238.

l'absolu dont Bergson est le héraut. Certes cette attitude triple, ces inclinations successives et toujours plus nuancées révèlent un extraordinaire intérêt pour Bergson, mais, nous semble-t-il, dénonce aussi la distance entre les deux penseurs. Car le rejet initial est très fondé dans les limites où il s'énonce. L'adoption dans l'*Eloge* demeure équivoque et presque infidèle. La consécration de Bergson dans les derniers écrits décèle l'écart entre l'Absolu (qui n'est peut-être pas « sous nos yeux », mais qui est l'Absolu) et « l'absolu dans les hommes », et en définitive laisse apercevoir ce qui sépare Bergson, dont l'expérimentalisme, même mystique, n'a rien de « hiératique », et Merleau-Ponty.

A tout le moins cette consécration de Bergson est-elle un des chemins qui permettent à Merleau-Ponty, par un effort presque éperdu, de dépasser, transgresser, déborder, sans rien renier, les implications de sa propre pensée.

Sa propre pensée ! Ce n'est pas un objet qu'on puisse enfermer ou circonscrire, pas non plus une intuition qu'il n'y aurait qu'à partager, un sens qu'il n'y aurait qu'à entendre — comme on coïncide avec un poème. Osons une comparaison déconcertante : cette pensée à la fois énigmatique et proche nous provoque et nous « trouve », sans nous éclairer, comme nous « trouve » le regard d'un animal. La vie est là. *Quelle* vie ?

Il nous faut nous acclimater, nous apprivoiser, pénétrer les dimensions d'une entreprise que dérobe un commentaire analytique du détail. Il n'y a pas de détails ! Ou plutôt il n'y en a que parce qu'il y a le monde et l'homme planté dans le monde. L'objet le plus familier m'ouvre bientôt le monde naturel, et le monde de la culture, autrui, l'histoire, et toujours déjà l'Etre à l'horizon, en surplomb de tout cela.

Il n'y a pas de détails car, nous le disions en commençant, le contenu de la pensée ne peut être abstrait de la modalité même du discours. Cette modalité, ou si l'on veut son style, ne constitue donc pas une méthode dont on pourrait épuiser les axiomes.

« Le centre est partout... » Pascal enseignait déjà un déchiffrement de notre condition — une herméneutique comme on se plaît à dire aujourd'hui — fondé sur l'exploration de certains points de la circonférence et le rappel au centre, un procédé de *digression*, non systématique, qui est le procédé de la vie même, et toujours ramène au noyau du sens.

Nous pourrions donc aborder enfin, toutes confrontations oubliées, le dire même de Merleau-Ponty, et d'abord répéter l'avertissement ancien : « Ce m'est tout un par où je commence car là même à nouveau je viendrai en retour »[1]. Mais d'une part nous avons *déjà* commencé, car la relation de l'auteur à quelques philosophes d'hier et d'aujourd'hui nous introduit au cœur, et d'autre part il est encore utile de dire *trop tôt* — avant ce « commencement » que nous différons — avec quelle « manière d'être » Merleau-Ponty entend nous faire « communiquer »[2], quel travail opère son discours.

Sans doute il respecte extérieurement la règle du jeu. Il sait que ce que dit le philosophe de nos jours, « entre d'emblée dans un univers académique »[3]. Il ne s'y soustrait

1. PARMÉNIDE D'ELÉE, fragment 5, trad. Jean BEAUFRET légèrement modifiée.

2. Le métaphysique dans l'homme *SNS*, p. 163.

3. *Eloge de la philosophie*, p. 48. S'exprimer par affiches ou par *graffiti*, ajoutons-le, ne suffit pas toujours à vous placer à l'air libre, hors de cet univers académique.

pas, commence par deux thèses de doctorat, n'oublie ni la communication à la Société française de Philosophie, ni l'article pour la *Revue de Métaphysique et de Morale*, ni les congrès, ni les préfaces. Ecrit-il dans une revue « engagée », dans un hebdomadaire politique, c'en est fait, il n'en peut mais, c'est *le professeur Merleau-Ponty* qu'on entend. De quel droit protesterait-il ?

Mais on sent que lui pèsent ces institutions qu'il ne conteste pas, cautionne encore moins — à l'exception sans doute du Collège de France. Elles lui pèsent pour des raisons, entre autres, philosophiques. Dans l'univers académique, « les options de la vie sont amorties et les occasions de la pensée voilées »[1]. Ecrivain donc, faute de mieux, et désireux qu'à travers les livres se discernent des paroles capables d' « interpeller les hommes »[2], comme les interpellait Socrate qui n'écrivait pas de livres.

Merleau-Ponty mieux que personne sait que la philosophie ne se manifeste que par la médiation du discours. Médiation plus visible dans le discours écrit, mais impliquée en toute parole, qui ne peut pas se défalquer de ce qu'elle dit. Il sait aussi pourtant que la parole du philosophe longe le silence — *Sigê*, l'abîme, comme l'appelait Claudel[3] — et même le peut contenir. Il y a un « silence du langage » analogue au silence de la perception[4].

Alors il est possible peut-être de jouer le jeu de la parole et laisser à travers se jouer le silence, de produire un discours

1. *Eloge de la philosophie*, p. 48, l'auteur poursuit : « Sans les livres, une certaine agilité de la communication aurait été impossible, et il n'y a rien à dire contre eux... »
2. *Ibid.*
3. Cité dans *VI*, *Notes de travail*, p. 233. cf. p. 93.
4. *VI*, *Notes de travail*, p. 322. Cf. p. 267 : « Même problème : comment toute philosophie est langage et consiste cependant à retrouver le silence », et p. 233 : « Ce silence ne sera *pas le contraire* du langage. »

logique qui est aussi témoin d'un *Logos* qui se moque de notre logique et la froisse. Merleau-Ponty en connaît assez le secret pour entreprendre de le révéler : « Les paroles les plus chargées de philosophie ne sont pas nécessairement celles qui enferment ce qu'elles disent, ce sont plutôt celles qui ouvrent le plus énergiquement sur l'Etre, parce qu'elles rendent plus étroitement la vie du Tout et font vibrer jusqu'à les disjoindre nos évidences habituelles »[1]. Il ajoute une phrase dense et de syntaxe complexe que nous nous permettons de paraphraser : la philosophie certainement ne peut s'accomplir par les moyens du langage éloquent. Elle devra user du langage en lui retirant sa puissance de signification immédiate. Elle égalera le langage « à ce qu'elle veut tout de même dire »[2]. A ce qu'elle *cherche à dire* parce qu'elle n'y a pas encore réussi, mais aussi à ce qu'elle *veut dire* et parvient *tout de même* à *signifier*.

Le langage enfin a traversé le silence. Cette belle page, c'est l'affirmation d'une bataille gagnée, non sans honneur, car non sans peine. Le langage ne saurait enfermer l'Etre, mais la philosophie peut effectivement l'atteindre, l'interroger.

Interroger l'Etre même, c'est à quoi Merleau-Ponty parvient sans effort apparent dès son premier livre ; *La structure du comportement* est une production « universitaire », mais comporte des pages qui sont d'un écrivain. Leurs fulgurants raccourcis empêchaient sans doute qu'on les entendît bien dès 1942. Mais nous, qui disposons de l'ouvrage posthume, *Le visible et l'invisible*, des *Notes de travail* que C. Lefort a publiées à sa suite et du dernier article *L'œil et l'esprit*, nous pouvons les entendre. Oui la

1. *VI*, p. 139.
2. *Ibid.*

vie du Tout y est étroitement rendue, et nos évidences habituelles disjointes. Ainsi lorsque l'auteur évoque cette « Nature primordiale »[1] qu'ignore la science ; lorsqu'il affirme : « L'esprit n'est rien, ou c'est une transformation réelle et non idéelle de l'homme »[2] ; lorsqu'il découvre le sens de la mort et pose à mots couverts (comme une hypothèse ? comme une croyance ? comme un sentiment métaphysique plutôt qui aurait la puissance d'un fondement ?) que le corps et l'âme vont au-delà de la mort. Du moins, croirait-on le lire aux pages 303 et 304 : « Enfin la mort n'est pas *dépourvue de sens*, puisque la contingence du vécu est une menace perpétuelle pour les significations éternelles dans lesquelles l'homme croit s'exprimer tout entier. Il faudra s'assurer que[3] l'expérience de l'éternité n'est pas l'inconscience de la mort, qu'elle n'est pas en deçà mais au-delà, comme d'ailleurs il faudra distinguer l'amour de la vie et l'attachement à l'existence biologique. Le sacrifice de la vie sera philosophiquement impossible, il ne s'agira que de « mettre en jeu » sa vie, ce qui est une manière plus profonde de vivre »[4].

1. *SC*, p. 225, dans la note.
2. *SC*, p. 246.
3. Merleau-Ponty ne dit pas : « il faudra se demander si... ». Il y a donc une expérience de l'éternité. Reste à s'assurer, car elle pourrait être subjective et illusoire, qu'elle n'est pas l'inconscience de la mort, qu'elle expérimente au-delà. L'auteur est affirmatif, escompte cette assurance. Mais chacun doit la conquérir pour son compte, c'est une tâche où je dois m'engager sérieusement si je veux me procurer ce témoignage. C'est pourquoi cette tâche est énoncée au futur.
4. L'amour de la vie va au corps vivant éternel et à l'esprit qui ne s'en peut séparer. Impérissable, cette vie ne peut être sacrifiée, la mort ne l'anéantit pas. Il n'y a aucune incertitude sur la portée de cette phrase. Dans *Signes* Merleau-Ponty évoque, pour rapporter la perspective de Nizan, « notre sœur la mort corporelle » (p. 45) ; mais il ajoute : « ... aussi prometteuse qu'un enfantement ». Or Nizan écrit seulement qu'une vie vraie peut engendrer une vraie mort. Merleau-Ponty s'avance plus loin en suggérant que la mort enfante, ce qui est tout différent (et tout platonicien, cf. *Phédon*, 71 *d-e*). On pourrait entendre que l'idée de la mort féconde notre vie temporelle. c'était sans doute la conception de Nizan. Mais François d'Assise lorsqu'il parle de « notre sœur la mort corpo-

Le thème de la mort et de l'éternité est ici pour nous un exemple, et l'on pourrait en donner d'autres, d'un discours qui ne se révèle discours *métaphysique* qu'en usant des raccourcis, des litotes, de tout l'appareil du langage *littéraire*, où l'on ne saurait changer un mot ou la place d'un mot sans changer, et tout à fait, le sens. L'écrivain donc se cache au détour de la phrase sobre, un peu monotone, de l'universitaire, *et c'est l'écrivain qui est le plus philosophe*. Merleau-Ponty a d'ailleurs consacré tout son cours du lundi, la première année de son enseignement au Collège de France, à des *Recherches sur l'usage littéraire du langage*. Il saisit chez Valéry, chez Stendhal ces paradoxes de l'écrivain dont eux-mêmes s'attachaient à surprendre la leçon philosophique. Il cite le mot de Valéry, et souscrit pour son compte à cet acte de foi : « La justification de la poésie réhabilite le langage tout entier »[1].

Ses livres cependant, tout au moins les deux thèses de doctorat, sont, de prime abord, d'une prose austère. Compartimentés en chapitres, en paragraphes, que détaillent les Tables des matières. Avons-nous le droit de tirer de ces livres des sentences sans les rapporter expressément à l'économie de chaque ouvrage, et à son argumentation ? On observera que seules les thèses, avec *Les aventures de la dialectique*, sont véritablement des ouvrages composés. Les autres livres sont des travaux beaucoup moins étendus, ou des recueils d'articles. Le choix des articles retenus, leur disposition dans les recueils qu'on sent avoir été méditée,

relle » — et sans il est vrai avoir lu Nizan — ne l'entendait certainement pas ainsi.

Plus délibérément, *Le visible et l'invisible* fait mention de « l'éternité existentielle » (p. 318) et, nous l'avons vu, de « corps glorieux » (p. 195), cette dernière mention pouvant cependant n'être prise que dans un sens métaphorique.

1. *Annuaire du Collège de France*, 1953, p. 153.

donnent à *Sens et non-sens*, à *Signes* cette *unité multiple* qui montre précisément combien il est légitime d'éclairer l'une par l'autre des formules tirées de travaux différents, puisque l'auteur y invite par la constitution de ses recueils. Ce sont des bouquets de pensée, non des architectures. On ferait erreur à leur attribuer un rôle analogue à celui des recueils de Bergson : *L'énergie spirituelle*, *La pensée et le mouvant*, qui introduisent ou résument, parfois complètent, la doctrine expressément située dans les grands ouvrages. Merleau-Ponty n'a jamais établi, entre les ouvrages composés et les recueils, entre les recueils et les articles isolés, une hiérarchie, comme Bergson l'a fait et en a averti expressément. Au contraire la densité de certains chapitres lutte en quelque sorte contre le livre, l'éclat de certaines pages contre l'argument du chapitre. Une affirmation de Bergson ne prend tout son sens que replacée dans l'ouvrage d'où on l'a tirée, auquel elle reste en quelque sorte attachée. Mais une formule de Merleau-Ponty, nous dirons même une sentence, brille *d'abord* de sa propre lumière. Chaque détail est *partie totale* de l'ensemble, porte la vision d'ensemble. On n'a pas seulement le droit, on a le devoir de les méditer dans leur teneur intrinsèque, et de les confronter avec les autres passages d'autres œuvres qu'ils appellent et qui les appellent. Ce sont comme des points de lumière qui se répondent l'un à l'autre dans la nuit.

Chez Bergson, l'argumentation est très charpentée ; elle pourrait sembler purement logique si, comme M. Husson notamment l'a très bien saisi, l'économie d'ensemble de la pensée au niveau de chaque grand livre n'était le plus sûr chemin vers l'intuition qui nourrit le propos. Chez Merleau-Ponty l'argumentation est serrée entre les phrases, ou les paragraphes, beaucoup moins dans l'agencement des chapitres successifs. Chacun reprend l'ensemble de la problématique sur un nouveau plan, déjà dans les thèses, très résolument dans *Le visible et l'invisible.* Les chapitres ne sont pas les morceaux d'une charpente commune. De l'un à l'autre il y a glissement et recentration, sans dispersion, comme une même conversation qui se poursuivrait, sur un thème en fin de compte unique, avec divers interlocuteurs. Par exemple avec l'espace, la motricité, la sexualité, le langage : car tout relève de l'espace, et tout du mouvement, tout de la sexualité (rien qui ne la concerne), tout du langage, et ainsi de suite. Et l'intuition, ou plutôt la vision du philosophe à tout moment, à chaque ligne, s'imprime, s'exprime sur la page et dans notre esprit.

Ces caractéristiques répondent à la teneur de cette « philosophie à plusieurs entrées », laquelle, a noté Sartre, trouve sa sécurité dans le recoupement des perspectives, la multiplicité des facettes de l'Etre[1]. Cette multiplicité met l'interprète à l'épreuve. Qui nous dira comment se nouent les fils de cette pensée, ou si nous ne proposons pas des rapprochements arbitraires ? Le risque est de maçonner en système des linéaments mal perçus, mal entendus. *Il n'y a pas* (nous y insistons, car nous ne prétendons pas la donner) d'interprétation exclusive et qui serait la bonne. Il y a ce que Merleau-Ponty enseignait de la lumière visible : *un éclairage* qui nous enveloppe et nous circonvient d'abord, et fait apercevoir les choses. Cet éclairage n'est pas ici ou là, il ne fuse pas d'un projecteur, il luit dans la physionomie du tout. N'oublions pas que « la philosophie demande à voir » et que l'auteur se plaint que de nos jours « on ne cherche surtout pas à voir »[2]. Défions-nous donc des méthodes

1. *Merleau-Ponty vivant*, p. 308.
2. *Eloge de la philosophie*, p. 58.

préétablies, laissons-nous guider par ce que l'auteur donne à voir. Il nous demande un peu du don qui était le sien, si nous voulons le rejoindre dans sa vision, c'est-à-dire rejoindre cela même qu'il voit. Mais en même temps son génie fait presque tout le chemin, habile à détecter les dimensions de l'existence, à *évoquer* l'Etre. L'Etre le saisit, son discours saisit l'Etre et nous sommes saisis à notre tour à la fois par ce qu'il dit et par ce qu'*il y a*, par ce qu'il *montre* qu'il y a. Comme l'inspiration, selon Platon, du dieu se communique au poète puis au rhapsode, nous pouvons espérer que l'Etre qui se communique et s'exprime en l'œuvre du philosophe Merleau-Ponty se communique finalement au rhapsode que nous sommes.

Platon remarque aussi qu'il y a de mauvais poètes et de mauvais rhapsodes. Nous pouvons manquer les axes vrais de la pensée, soit par ignorance (car les multiples allusions de l'auteur supposent une immense et profonde culture), soit, ce qui est beaucoup plus grave, par défaut de naïveté, par inaptitude à seulement écouter, par cette précipitation qui veut toujours avoir déjà compris ce qu'elle n'a pas encore su trouver.

Enfin par cette présomption qui parfois nous suggère de contredire, au lieu de nous borner à interpréter, et qui risque d'arrêter la recherche. Mais ici, à tous risques, nous revendiquons la parole, au nom même de ce que Merleau-Ponty assure de la discussion vivante[1]. Nous ne commentons pas un livre sacré. La lecture suscite le dialogue, inaugure une autre pensée, la reprise de celle de l'auteur. Merleau-Ponty n'entend pas être un écran entre l'Etre et les hommes

1. *VI*, p. 159 ; cf. aussi *S*, pp. 201-203 : sans « objectivité » comme sans « arbitraire », l'auteur s'affirme fidèle à l'œuvre et à la pensée de Husserl en « pensant derechef ».

(et ce ne sont pas là deux réalités sans commune mesure), mais au contraire un intercesseur. Son discours comporte l'échange et le dialogue, et nous n'apercevons pas au nom de quoi nous voudrions censurer ce dialogue.

Justifions, pour en terminer de ces préliminaires, le titre qui s'est imposé à nous. Il ne s'agit pas en effet de savoir, mais de trouver.

Il ne s'agit pas de savoir, si un savoir demeure séparé de la réalité à laquelle il sert de substitut, et séparé du sujet de la connaissance, de cette part de l'homme qui est susceptible de savoir. La science « est, elle a toujours été cette pensée admirablement active, ingénieuse, désinvolte, ce parti pris de traiter tout être comme « objet en général », c'est-à-dire à la fois comme s'il ne nous était rien et se trouvait cependant prédestiné à nos artifices »[1].

Il ne s'agit pas de connaissance seulement, mais d'une *coexistence* qui soutient nos comportements, et dont le savoir n'est qu'un sous-produit. Cette coexistence suppose, on peut l'aborder par là, l'existence d'un sujet, mieux vaut dire d'un Soi, qui s'atteste dans un *Cogito*. Nous reviendrons sur les difficultés philosophiques que présente le problème de la détermination du Soi. En tout cas, lorsque le Soi éprouve qu'il n'est pas seul, donc coexiste, quelle que soit la réalité avec laquelle il coexiste, et son mode d'exister, nous dirons que le Soi l'a trouvée.

Qui serait totalement seul le resterait toujours. Par suite, dès le début, l'homme est déjà en proie à l'Etre, en prise sur l'Etre. Mais il le trouve en ceci qu'il est passé de l'implicite à l'explicite. Il n'est pas le lieu d'une expérience anonyme et passive, mais assume une réalité qu'il découvre,

1. *L'œil et l'esprit*, éd. citée, p. 193.

fait corps avec cette réalité et en même temps ne s'y résorbe pas : cette coexistence est un corps à corps. Il a trouvé le Monde, cet *autre* qui n'est ni un autre lui-même ni un simple « congénère », et l'Etre, comme on trouve un ami, un complice, un adversaire, l'objet du désir ou de l'amour. La relation fondamentale n'est rien exactement de tout cela, mais tient de tout cela.

Alors, car la relation est réciproque, le Monde et l'Etre ont trouvé l'homme, l'ont atteint. Les chapitres qui suivent vont le montrer. Mais nous devons écarter sans attendre le contresens réaliste. Même si l'on insiste sur la réciprocité des relations, on risque d'imaginer le Sujet et le Monde, ou l'Etre comme des substances indépendantes mises par après en communication. Et ainsi séparer ce qu'on déclare rejoindre. Or le sujet ne *re*-joint pas le Monde ou l'Etre, il s'y trouve toujours déjà *joint*. Comme Atlas, le Soi porte le Monde et s'étonne de ce poids. Il l'interroge en même temps qu'il le porte. Non qu'il faille revenir à un idéalisme. Trouver, dont dérive *trouvère*, a d'abord signifié composer, par exemple un poème, un chant. Non pas créer, mais faire le bouquet avec les fleurs. Composer, au sens où l'on parle de la composition d'un tableau. Nous prenons trouver dans ce double sens de découvrir et de composer. Nous y mettons aussi quelque opération divinatoire, quelque art caché *(trobar clus)*.

Il s'agit, tel l'augure antique, de discerner, à travers et sous le visible, un invisible, de délivrer le « sens *ominal* »[1] de l'expérience, et de le proclamer. C'est cela, trouver l'Etre. Le philosophe est trouvère de l'Etre.

1. Du latin *omen*, présage ; *VI*, p. 294.

Chapitre II

TROUVER LES CHOSES

« L'avantage de la notion d'ordre, écrit André Robinet dans sa pénétrante présentation, est de ne pas découper la réalité en états différents ou en règnes, mais d'indiquer seulement des « plans de signification » »[1]. Les *choses* ne sont pas aux *autres* et à l'*Etre* ce que les végétaux chez Aristote sont aux animaux et à Dieu. Mais les choses ne sont pas les autres, ne sont pas l'Etre même, constituent une rubrique distincte. L'ordre entre les rubriques n'est ni celui de simples rapports de grandeur, ni non plus celui de rapports de perfection. En ce sens il n'y a pas hiérarchie, et nous sommes en cela (André Robinet sans doute y consentirait) assez loin du Malebranche qui pouvait dire : « J'aime mieux mon cocher que mon cheval. »

Nous commençons par les choses, mais très vite nous aurons pour approcher les choses à parler des autres, et de l'Etre. Il y a distinction pour la réflexion, mais, bien davantage, empiètement. La chose n'est qu'une détermination tardive, relative. Ce qui est autour de nous, c'est le Monde.

1. André Robinet, *Merleau-Ponty*, Paris, Presses Universitaires de France, 1963, p. 11.

Non pas devant nous, comme l'objet devant la pensée, mais « autour de nous »[1], s'il est vrai que « c'est le même monde qui contient nos corps et nos esprits »[2], et qui contient aussi les choses qui ont commerce avec les corps humains, et avec nos esprits, qui ne sont jamais bien loin de leurs corps.

Ce thème du Monde est familier au lecteur de Husserl, de Heidegger. L'homme est dans le Monde, cela signifie qu'il ne connaît d'existence qu'incarnée. Un esprit absolu ne pourrait être tel, affirme Husserl, que s'il connaissait comme nous nos choses à travers des apparences sensibles, « il devrait avoir aussi un corps »[3], sous peine de ne pas connaître tout ce qui peut être connu, de n'être pas esprit absolu. Le Monde n'exclut donc peut-être pas une relation à l'absolu ; mais il exclut l'infini, qui ne peut être qu'idéalisation abstraite. La pensée phénoménologique va « aux choses mêmes », elle décrit l'existence *finie* dont l'enveloppe, dont la dimension originaire est le Monde.

Le Monde, pas seulement un monde. Merleau-Ponty va renouveler sur ce point les arguments de Berkeley et de Bergson qui incorporent à une nappe indivise d'existence tout objet de connaissance. Mon corps « va jusqu'aux étoiles », disait Bergson[4]. Unique est pour chacun le Monde qu'il hante, qu'il habite. Et ce qui empêche le Monde de se mettre au pluriel, quand les consciences sont plusieurs, c'est qu'elles ne peuvent se reconnaître qu'à travers leurs corps, et ne s'entre-perçoivent qu'en s'incluant dans le

1. *VI*, p. 273.
2. *VI*, p. 29.
3. *Ideen* II, 85, cité par MERLEAU-PONTY, *S*, p. 216, qui célèbre ces « pages extraordinaires » de Husserl.
4. *Les deux sources de la morale et de la religion*, éd. 1932, p. 277, cité par MERLEAU-PONTY, *VI*, p. 83, n. 2.

même Monde. Unique pour les esprits comme il est unique pour les corps.

Cette unicité est davantage que l'abstraction d'un lieu commun à tous les êtres, car elle est expérimentée comme « l'eccéité de la Nature »[1]. Expérience sans doute difficile à désigner. Peut-on commenter ? « Me voici », dit la Nature ; et je ne peux aller là contre, elle est plus forte ; je dois, si je connais quelque chose, moi aussi prononcer : « Voilà. Cela est ainsi. »

Mais l'unité de ce qu'*il y a* n'est pas encore donnée, elle n'est que présomptive. Toutes mes expériences et celles qu'Autrui de son côté poursuit relèvent du même Monde, et ne me livrent pourtant qu'un Monde « inachevé »[2]. Car une idée seule pourrait se donner comme achevée, et le Monde n'est pas une idée, mais l'horizon de toute expérience, donné avec chaque expérience effective dans une perception.

La perception m'annonce et me cache le Monde, horizon dernier de la chose. Si le tête-à-tête de la conscience et de la chose est l'inconsistant postulat des réalismes et des idéalismes, toute perception actuelle ou possible implique la *structure d'horizon*, où la chose apparaît comme forme, *Gestalt*, sur fond de Monde et décèle du côté de l'homme le *comportement*, où la scission en âme et en corps n'a plus de sens. Essentiel, constitutif de la structure d'horizon est ce « perspectivisme » qui ouvre les choses sur d'autres choses, les distribue, les échelonne en profondeur, les situe à *leur* place en ce monde-ci. La conséquence, c'est la richesse profuse du monde, des choses inépuisables ; ou, si l'on veut, la pauvreté de mon appréhension perceptive, car cette richesse m'échappe, je n'atteins jamais qu'un « profil »

1. *S*, p. 209.
2. *PP*, p. 382.

de la chose, et le Monde demeure un trésor ignoré : « Un horizon infini de choses à prendre entoure le petit nombre de celles que je peux prendre pour de bon »[1]. Par exemple, ajouterons-nous, un beau paysage est tantalisant. Là-bas luit un versant, pointe une cime, là-bas semble se résumer la magie du paysage ; et pourtant, à force de l'essayer du regard ce versant perd son orient, cette cime n'est plus qu'un profil banal : la merveille ne réapparaît que si je les réinsère dans le tout du paysage, qui peut bien me séduire, mais que j'échoue à véritablement posséder. Et je sais bien, si je montais là-haut, que je n'y trouverais que de la terre et des pierres. L'enchantement n'opère que de loin. Mais le perspectivisme est cependant ce qui me permet de faire tenir le monde, inachevé mais en entier, le monde *lui-même* sous mon regard : « Le perspectivisme, ... loin d'introduire dans la perception un coefficient de subjectivité, ... lui donne au contraire l'assurance de communiquer avec un monde plus riche que ce que nous connaissons de lui, c'est-à-dire avec un monde réel »[2].

Du côté de la chose, la perspective entraîne la distinction du proche et du lointain, et ce passage mystérieux de l'un dans l'autre[3]. Pour m'être absolument accessible, il faudrait que la chose me fût à la fois proche et lointaine, proche pour me surprendre et m'accrocher, lointaine pour se laisser « attraper » par moi. Il y a une étrangeté de la chose vue de près, insupportablement là, que Sartre a bien exprimée dans *La Nausée*, et ce n'est pas la toute autre étrangeté de la chose vue de loin, comme un nuage : je ne l'atteins

1. *SNS*, p. 50.
2. *SC*, p. 252.
3. Cf. *VI*, pp. 115-116.

que là-bas, à condition de ne pas la prendre. Toujours la chose m'attire et me fuit, s'enfuit en elle-même.

Dans l'entre-deux pourtant la chose, à mes yeux, prend forme, par « venue à soi du visible »[1]. Il faut donc simultanément reconnaître les trois prérogatives de la chose : son mutisme radical, son éloquence décevante, son consentement à se laisser apprivoiser sous la caresse du regard.

La psychologie met en évidence, déjà chez l'enfant, ce troisième caractère, et que la perception est toujours un échange : « La psychologie établit avec certitude la priorité chronologique et transcendantale de la perception d'autrui à l'égard de la perception des objets au sens où les sciences de la nature les entendent »[2]. L'objet primitif n'est pas le solide inorganisé, c'est l'action d'autrui et l'intention qui s'inscrit sur son visage. « La perception enfantine s'attache d'abord aux visages et aux gestes », puis aux « objets d'usage créés par l'homme »[3], et les objets naturels ne sont reconnus à leur tour par l'enfant qu'à travers « certains objets d'usage, les mots »[4]. *La phénoménologie de la perception* assure, dans le même sens : « Le premier objet culturel et celui par lequel ils existent tous, c'est le corps d'autrui comme porteur d'un comportement »[5]. On perçoit le visage avant de reconnaître le chapeau, le mouchoir bien avant de s'aviser de la montagne ou du nuage. Parce que le premier objet est corrélatif d'un mouvement, d'une exploration active. On ne voit que ce qu'on regarde, on ne regarde pas

1. *Œ*, p. 217. Les mots s'appliquent à l'opération de la peinture, mais justement la peinture discerne « comment les choses se font choses et le monde monde » (Jean Wahl). Cf. *PP*, p. 358 : « concentrer la visibilité éparse ».
2. *SC*, p. 225, note.
3. *SC*, p. 225, p. 226.
4. *SC*, p. 227.
5. *PP*, p. 401.

sans interroger la chose et lui répondre, la « caresser » du regard[1]. On ne s'articule ainsi aux choses que pour avoir pris d'abord la mesure de la chose première, le visage d'autrui, antérieurement d'ailleurs à toute relation expressément érotique[2].

Le premier regard en effet repousse toute bifurcation et n'a pas à se partager entre la chose et autrui, ni à choisir entre connaître et aimer, inséparablement la chose propose et la conscience assume, la chose offre, la conscience reçoit. Telle est cette expérience de la passivité que Sartre néglige. Elle comporte, comme en un couple de forces, antagonisme *et* liaison. Les choses écorchent le regard[3]. Mais elles sont aussi soutenues, portées par le regard comme la Terre par le géant Atlas : « Toute perception est une communication ou une communion, la reprise ou l'achèvement par nous d'une intention étrangère ou inversement l'accomplissement

1. *VI*, p. 107 : « Entre ce que je vois et moi qui vois, la relation n'est pas de contradiction, immédiate ou frontale, les choses attirent mon regard, mon regard caresse les choses, il en épouse les contours et les reliefs, entre lui et elles nous entrevoyons une complicité. » Cf. *SC*, p. 256 : « l'attraction » de la chose demandant à être vue est « comparable à celle du premier moteur immobile », dont on sait qu'Aristote disait qu'il meut comme l'objet aimé meut vers lui ceux qui l'aiment.

2. Merleau-Ponty appelle cette relation *accouplement*. Terme technique à l'acception très précise chez lui, qui signifie « faire couple avec », au sens de la physique. Par exemple *PP*, p. 248 : « Mon regard s'accouple avec la couleur, ma main avec le dur et le mou. » Cf. aussi *PP*, p. 370 *VI*, p. 189. Il parle aussi, entre le visible et nous, d' « une accointance aussi étroite que celle de la mer et de la plage ». Cet accouplement anonyme déborde tout comportement expressément érotique (par opposition à « enlacer », *VI*, p. 323), plus exactement précède la distinction de l'érotique et du non-érotique, comme le texte d'Aristote évoqué dans notre note précédente le suggère. Cette relation conditionne le rapport proprement érotique qu'elle annonce sans le déterminer.

3. Cf. *PP*, p. 369, *VI*, p. 324 : « Ainsi le corps est dressé *debout* devant le monde et le monde debout devant lui, et il y a entre eux un rapport d'embrassement. »

au-dehors de nos puissances perceptives et comme un accouplement de notre corps avec les choses »[1].

Ici s'atteste la « valeur sacramentelle » de la sensation, son « pouvoir d'envoûtement »[2] qui cependant « n'est pas une invasion du sensible par le sentant »[3]. Il faut dire plutôt que « mon regard sous-tend la couleur »[4] ; la chose se propose, le corps s'y dispose, ils s'appliquent l'un contre l'autre et le calque de l'un sur l'autre est la représentation sensible.

A égalité, comme en équilibre avec moi, la chose n'entre qu'à demi dans ma représentation. « Je remarque que la chose, après tout, a besoin de moi pour exister »[5]. Mais elle existe, et le phénomène ouvre sur la réalité de la chose et de ce point de vue je n'y suis pour rien, je n'y suis plus : dans les choses, « nous nous ignorons »[6].

Merleau-Ponty y insiste avec une énergie étrange, comme s'il était vraiment jaloux de la solidité ontologique de la chose. Dans un travail récent, M. Baralon[7] attire à bon droit l'attention sur un texte consacré au roman *L'Invitée* de Simone de Beauvoir, où l'on ne songerait peut-être pas à trouver précisément là une phénoménologie de la chose. C'est pourquoi nous reproduisons le passage presque en entier : « Il y a dans la condition d'être conscient un perpétuel malaise. Au moment où je perçois une chose, j'éprouve qu'elle était déjà là avant moi, au-delà de mon champ de vision. Un horizon infini de choses à prendre entoure le

1. *PP*, p. 370.
2. *PP*, p. 247.
3. *PP*, p. 248.
4. *Ibid.*
5. *SNS*, p. 51.
6. Nous n'avons pu retrouver la référence.
7. *De la situation à la liberté, implications éthiques de la psychologie et de l'ontologie de Maurice Merleau-Ponty*, mémoire dactylographié, Faculté des Lettres de Grenoble, 1966, pp. 11-19.

petit nombre de celles que je peux prendre pour de bon. Un cri de locomotive dans la nuit, la salle de théâtre vide où je pénètre font apparaître, le temps d'un éclair, ces choses de toutes parts prêtes pour la perception, des spectacles donnés à personne, *des ténèbres bourrées d'être.* Même les choses qui m'entourent me dépassent à condition que j'interrompe mon commerce habituel avec elles et que je les retrouve, en deçà du monde humain ou même vivant, sous leur aspect de choses naturelles. Un vieux veston posé sur une chaise dans le silence d'une maison de campagne, une fois la porte fermée sur les odeurs du maquis et les cris des oiseaux, si je le prends comme il se présente, ce sera déjà une énigme. Il est là, aveugle et borné, il ne sait pas qu'il y est, il se contente d'occuper ce morceau d'espace, *mais il l'occupe comme jamais je ne pourrai occuper aucun lieu.* Il ne fuit pas de tous côtés comme une conscience, il demeure pesamment ce qu'il est, *il est en soi.* Chaque chose n'affirme son être *qu'en me dépossédant du mien,* et je sais toujours sourdement qu'*il y a au monde autre chose que moi* ou mes spectacles. Mais d'ordinaire je ne retiens de ce savoir que ce qu'il faut pour me rassurer. Je remarque que la chose, après tout, a besoin de moi pour exister... Ce monde qui avait l'air d'être sans moi, de m'envelopper et de me dépasser, c'est moi qui le fais être... il n'est rien qui puisse prétendre à être sans être pris de quelque façon dans le tissu de mon expérience »[1].

Ici presque tout est dit, les deux côtés de notre expérience de la chose. On conçoit dès lors qu'elles sont des structures opaques dont le « sens dernier demeure brouillé », que la

1. *Le roman et la métaphysique*, *SNS*, pp. 50-51. Les passages soulignés le sont par nous. Cf. *PP*, p. 372 : « La chose nous ignore, elle repose en soi. Elle est... un Autre résolument silencieux. »

chose et le monde « sont... un mystère absolu »[1], au sens des initiations antiques (tout le contraire d'une illumination), où le myste dépouillé, dévêtu, cherchait, trouvait Isis en deçà du voile des apparences.

Nous sommes, avec cette interprétation métaphysique de la chose, bien loin de Sartre. Pour Sartre, la chose « est ce qui repose en soi-même, elle est exactement ce qu'elle est, tout en acte... elle est par définition *transcendante*, dehors, absolument étrangère à toute intériorité... Son sens de chose... est... d'être là dans l'indifférence, dans la nuit de l'identité, comme en-soi pur »[2]. Cette indifférence ne fait pas un véritable *mystère*. Sartre pense à partir du négatif pur, de l'essence figée du négatif et en cela « décide déjà de penser selon l'identité »[3] et, puisqu'il s'agit des choses, « ignore en tout cas l'épaisseur, la profondeur, la pluralité des plans, les arrière-mondes »[4]. Or l'opacité est trouée par la profondeur, si « la chose même est toujours plus loin »[5]. Il y a « dans le survol même, une inhérence »[6]. Je ne vois les choses que parce qu'elles tiennent à la chair du monde et à ma propre chair. Je ne les vois que parce que, moi aussi, je suis visible. Mais la chose n'est pure chose, identité et réalité donnée, qu'aux très grandes distances, « et cet horizon d'En Soi n'est visible que comme fond d'une zone de choses proches qui, elles, sont ouvertes et inépuisables »[7].

La chose est toujours reliée à moi par ce qui me la rend étrangère, soit qu'elle luise comme une étoile à l'horizon

1. *PP*, p. 384.
2. *VI*, p. 77.
3. *VI*, p. 96.
4. *VI*, p. 97.
5. *VI*, p. 108.
6. *VI*, p. 115.
7. *VI*, p. 115.

« dans une distance qui n'est pas rien »[1], soit qu'elle éclate dans l'évidence d'un aspect perspectif qui ne me livre un de ses côtés qu'en m'indiquant les autres côtés que ce côté justement masque. Si voir, n'en déplaise à Sartre, « n'est plus simplement néantiser »[2], le côté caché du cube lui non plus n'est pas rien, il est aussi en quelque manière donné à ma vision qui ne survole point la chose, mais s'enfonce en elle. Le monde sensible est une « atmosphère », une « brume », dans le « pêle-mêle des corps et des esprits », et la « promiscuité » généralisée[3]. Cette promiscuité nous fait vivants, co-existants avec la permanence du monde, on pourrait presque dire co-éternels avec lui : « il y a quelque chose »[4]. La « solidité du monde sous nos yeux » implique « la cohésion de notre vie en lui »[5]. Il est « la patrie de nos pensées »[6] et nous ne pouvons imaginer la quitter sans trahir.

« On ne sort pas du quelque chose »[7], mais inversement « les choses, ici, là maintenant, alors, ne sont plus en soi, en leur lieu, en leur temps, elles n'existent qu'au bout de ces rayons de spatialité et de temporalité, émis dans le secret de ma chair, et leur solidité n'est pas celle d'un objet pur que survole l'esprit, elle est éprouvée par moi du dedans en tant que je suis parmi elles et qu'elles communiquent à travers moi comme chose sentante »[8]. Je suis un peu devenu chose pour sentir les choses.

1. *VI*, p. 116.
2. *VI*, p. 107.
3. *VI*, p. 116.
4. *VI*, p. 121.
5. *VI*, p. 133.
6. *PP*, p. 32, cf. p. 372 : « notre patrie ». Il en résulte sans doute que le suicide est comparable à une désertion mais non pas à une désobéissance.
7. *VI*, p. 143.
8. *VI*, p. 153.

Si toutes choses communiquent en l'indivision de l'existence, chaque « individu » exhibe un certain style, « une certaine manière de gérer le domaine d'espace et de temps sur lequel il a compétence »[1], chaque chose rayonne activement son essence. Pour traduire ce *Wesen* au sens de Heidegger, qui ne comporte pas la distinction du fait et de l'essence, Merleau-Ponty emploie parfois le verbe « ester », pour signifier l'autoréalisation de ce qui prétend à être ceci ou cela[2]. L'important c'est le pouvoir de surgissement de la chose plus que son type : « Claudel dit à peu près qu'un certain bleu de la mer est si bleu qu'il n'y a que le sang qui soit plus rouge »[3]. Et chez Cézanne un compotier est aussi capable que tout un paysage de nous présenter la déflagration de l'être sous les espèces d'une toute simple chose. Les *Notes de travail* reprennent l'exemple de la rose. Il cherche l'essence *(Wesen)*, l'être-rose de la rose, « la roséité s'étendant tout à travers la rose »[4]. Non tant après Condillac qu'après Angelus Silesius, qui chantait : « La rose, qui est sans pourquoi, fleurit parce qu'elle fleurit »[5]. Merleau-Ponty devait se rencontrer avec l'écrivain mystique, car il est très attentif au « mystère » de la communion à la chose. Nous pouvons dire en effet — et cela nous aventure déjà loin dans l'abîme — qu'il y a sentir commun avec les choses,

1. *VI*, p. 154.
2. *VI*, *Notes de travail*, pp. 256, 260, 262. Etienne Souriau, le philosophe de l'*instauration* et en quelque manière de l'autocréation des êtres, a employé « ester » en un sens très proche, par exemple *Les différents modes d'existence* (1943), p. 96.
3. *VI*, p. 174.
4. *VI*, p. 228 (note de travail).
5. Cité par Merleau-Ponty, *Annuaire du Collège de France*, 1959, p. 236. L'auteur ajoute aussitôt : « cet être actif, cette action d'ester... » Ce cours de 1958-1959 est de date très proche de la rédaction de la note de travail citée, qui est de février 1959. Dans une autre note de février 1959 il est question d' « occultisme » (*VI*, p. 237). Rappelons que Heidegger a commenté le premier ces vers d'Angelus Silésius.

Einfühlung, et que les choses muettes « comme les fous ou les animaux... sont des *presque compagnons* »[1].

Pensée qui paraîtra sans doute un peu folle à ceux qui n'entendent point que le propos n'est pas psychologique, mais proprement ontologique ou métaphysique. L'Etre se trouve par réflexion sur le *sursum* interne de la chose, le soi s'y délivre, même les autres sont déjà là si la chose en est une variante, un « presque compagnon ». Il se vérifie ici que la pensée de Merleau-Ponty boucle en chaque point, se recompose entière devant chaque problème, pénétré à suffisante profondeur.

La chose peut d'ailleurs se pénétrer de *plusieurs* manières : par son *quale*, son essence active, mais aussi bien par son *quantum*, par l'investissement à la fois total et limité de l'espace, total dans les limites que la chose s'octroie et qui sont devenues vraiment *ses* limites. Enfin, et peut-être surtout, par ses « participations ». Car la chose est « nœud dans la trame du simultané et du successif », « concrétion de la visibilité » et elle renvoie aux autres nœuds dont le visible est tissé. La robe rouge est « ponctuation dans le champ des choses rouges, qui comprend les tuiles des toits, le drapeau des gardes-barrières et de la Révolution, certains terrains près d'Aix ou à Madagascar, elle l'est aussi dans celui des robes d'évêques et d'avocats généraux, et aussi dans celui des parures et des uniformes. Et son rouge, à la lettre, n'est pas le même, selon qu'il paraît dans une constellation ou dans l'autre... »[2]. La chose devient dimension,

1. *VI*, p. 234.

2. *VI*, p. 174. Ce n'est pas le monde, mais déjà toute chose qui nous ouvre à ce qui nous entoure comme *notre patrie*. On observera comme la sensibilité de l'auteur a d'abord trouvé, donnant à ses pensées, comme disait Saint-Just, la forme nationale, toute une gamme de rouges qui à eux tous — des peintres comme Delacroix n'y sont pas tout à fait étrangers — constituent ce qu'on

« élément »[1], modulation particulière du monde. Etant bonne forme, *Gestalt*, c'est-à-dire « principe de distribution, pivot d'un système d'équivalences »[2], elle est amorce de généralité, de générativité. Cette robe rouge comme un rouge à lèvres secoue déjà tout l'appareil de l'éternel féminin, ce chiffon rouge apporte la houle des révolutions. Ce ne sont pas là des allégories ni des allusions, des « *associations d'idées* », mais la chose parle sans réplique, par « la persuasion silencieuse du sensible »[3].

Cette persuasion, l'homme va la capter. Compagnon des choses il peut exprimer à son tour en ménageant le visible l'opération de la nature : c'est le secret métaphysique de la peinture, qui veut un corps pour tenir les pinceaux, et restitue un sens. Le peintre fournit le tableau, cette chose très paradoxale qui est bien un monogramme de la chose naturelle ; mais le temps de l'homme s'y indique aussi, notre situation historique, notre condition de mortels, immortellement ; et ce que veut le peintre « en deçà des buts et des moyens... commande de haut toute notre activité *utile* »[4].

« Nulle peinture, même abstraite, ne peut éluder l'Etre »[5]. Ni même figurative, si « le raisin du Caravage est le raisin même »[6]. Figurative ou non figurative, la peinture rivalise avec l'évidence de la chose, et donne occasion à Merleau-Ponty de réitérer — les répétant, les contestant, les renou-

pourrait appeler le rouge français. Le plus vaste monde peut nous être aussi intime certes que notre pays, mais il faut pour cela que *patrie* ait un sens, et les choses, déjà, nourrissent ce sens.

1. *VI*, p. 184 et p. 270.
2. *VI*, p. 258.
3. *VI*, p. 267.
4. Œ, p. 226.
5. Œ, p. 225.
6. *Ibid.*

velant — ses analyses de la chose. Qui d'ailleurs, comme l'a dit Jean Wahl, ne sont pas des analyses. La toile du peintre devient ce « talisman »[1] qui ouvre les trésors à celui qui a des yeux pour voir. Un pouvoir nous est accessible si nous voulons, et qui ouvre un droit : « Le peintre est seul à avoir droit de regard sur toutes choses sans aucun devoir d'appréciation »[2]. Une conception artificialiste et purement opératoire de la science, si elle prétendait prendre en charge l'homme et l'histoire, tuerait la liberté. La science, la pensée selon la science est seconde, et c'est la philosophie qui va la replacer dans les choses mêmes. Le peintre opère sans paroles la même recentration ontologique. Usant de son « droit de regard » il exerce une « science secrète » qui situe et relativise la pensée cybernétique, et qui répète le secret de la vision. Si le mouvement des yeux a « ses antennes », si « tout ce que je vois par principe est à ma portée, au moins à la portée de mon regard, relevé sur la carte du « je peux »..., le monde sensible et celui de mes projets moteurs sont des parties totales du même Etre », cette active complicité du regard et du sensible, du voyant et du visible annonce (et c'est la fonder) la possibilité pour le peintre de faire exister par son « je peux » ce qu'il regarde, et de le jeter dans le tableau, de nous jeter à voir le tableau.

La vision « est prise ou se fait du milieu des choses » : alors la visibilité des choses sécrète son double après avoir traversé mon corps et passé de l'autre côté. Le « diagramme » qui suscite le tracé du peintre n'est pas un décalque abstrait, mais restitue « l'icône » de la chose, en présence réelle. Si

1. Œ, p. 201.
2. Œ, p. 17. Les citations qui suivent sont empruntées également à *L'œil et l'esprit*. On trouve aussi dans *La prose du Monde* l'opposition à l'indiscrète autosuffisance de la science, selon certaines conceptions récentes.

bien que « nos yeux de chair sont déjà beaucoup plus que des récepteurs pour les lumières, les couleurs et les lignes : des computeurs du monde, qui ont le don du visible comme on dit que l'homme inspiré a le don des langues ». Encore faut-il, comme disait Claudel, que l'œil écoute, se fasse sensible à l'interpellation de la chose : « C'est la montagne elle-même qui, de là-bas, se fait voir du peintre, c'est elle qu'il interroge du regard. » Echange fascinant où les rôles à la fin s'inversent, et « c'est pourquoi tant de peintres ont dit que les choses les regardent ».

Mais la peinture en tout ceci ne fait que porter à la seconde puissance l'expérience naturelle, comme le fait tout langage. Dans la perception (Merleau-Ponty l'énonçait sans évoquer l'artifice de la peinture) les objets « sont des regards astreints à une certaine perspective »[1]. Ne dit-on pas, pouvons-nous ajouter, que deux meubles, deux bancs sont disposés *en regard* l'un de l'autre ? Si je regarde les choses un peu longtemps, bientôt les choses se mettent à se regarder, ne forment plus qu'un monde, puis, toutes ensemble, à me regarder. Nous comprenons alors les indications révélatrices des *Notes de travail :* (Je dois, je vais) « Dire que les choses sont des structures, des membrures, les étoiles de notre vie : non pas devant nous, étalées comme les spectacles perspectifs, mais gravitant autour de nous »[2]. Les images (structures, membrures, étoiles) paraissent disparates. Mais remarquons qu'en se manifestant *des* structures, *des* membrures, les choses du même coup se décèlent *les* étoiles de notre vie et se trouvent *graviter* autour de nous.

Nous commentons librement : les choses ne sont pas seulement structures du monde, mais de notre vie, de nous-

1. *PP*, p. 85.
2. *VI*, p. 273, note de novembre 1959.

mêmes mêlés au monde, pris dans le monde. Ces membrures, ces nervures se parcourent dans les deux sens ; elles assurent la solidité des choses, elles nous permettent aussi de les porter. C'est alors qu'elles deviennent les étoiles. Les étoiles qui nous regardent et que nous regardons (et les anciens appelaient les yeux des astres, en latin *lumina*), les étoiles dont les configurations, les constellations ne sont pas en notre pouvoir. Mais les « tenant en cercle autour de nous » nous les portons, les soutenons du regard, sans les avoir faites. Ainsi les choses paraissent, nues et pures, pour « l'homme hiératique ». Les choses et l'homme, mutuellement, s'éprouvent sacrés, aucun faux sacré fallacieux ne les ayant abaissés à un statut profane. Et cette apparition originaire des choses m'inflige une « stupeur ». Les choses ont osé être, j'ose avec elles, l'Etre se déclare, et c'est cela que le philosophe tente de dire, parvient à dire. Son dire, comme le faire du peintre, témoigne du fondamental. Il ne le forge pas, il le trouve : « C'est le rôle... peut-être même de la philosophie de créer du sacré »[1].

Après cette profonde faut-il dire *invocation* ou *évocation* de la chose ?, c'est avec quelque timidité que nous avancerons quelques réflexions critiques.

Merleau-Ponty souligne la généralité, l'air de famille des choses. Il admet leur pluralité. Il ne paraît pas s'intéresser à leur singularité. Les exemples sont d'une banalité voulue : la pipe, le veston, le cendrier. Une fois nous avons trouvé une rose — pas même : la rose. Parfois la montagne.

1. *S*, p. 307.

Une fois seulement « la montagne Sainte-Victoire... dans la roche dure au-dessus d'Aix ».

L'auteur en effet ne saurait reconnaître à la chose, à chaque chose, une singularité qui l'isolerait, la refermerait sur soi. Elle a son lieu, mais dans l'étoffe commune d'un espace indivis. Les choses sont variantes les unes des autres, chacune est ce qui pareillement manquerait au monde, ce tout que l'on ne peut saisir, si elle n'était point.

L'*eccéité* de la chose, ce n'est pas sa singularité au sens de Leibniz et du principe des indiscernables. Chacune affirme sa présence, mais, fussent-elles ouvrées par l'homme, les choses sont pareillement choses. L'auteur pratique ce *vœu de pauvreté* dont a parlé Husserl et n'a donc nul besoin d'un pittoresque de pacotille. Il a pratiqué la *réduction phénoménologique* et s'il crie (une fois suffit) : « merveille »[1], il l'exprime et l'éprouve devant un simple caillou aussi bien que devant la montagne Sainte-Victoire.

Toute chose nous apporte, attachée à sa chair, le monde même, toutes les choses ensemble réunies : « *homou ên panta* »[2]. Si quelque privilège subsiste, c'est en faveur de la lumière, que les choses reflètent et qui les porte, de l'œil, du miroir : « L'œil accomplit le prodige d'ouvrir à l'âme ce qui n'est pas âme, le bienheureux domaine des choses, et leur dieu, le soleil »[3].

Parfois cependant, comme chez Husserl, le privilège va à notre planète, la Terre des hommes « qui ne se meut pas », « *sol* ou *souche* de notre pensée comme de notre vie »[4]. Dans un cours au Collège de France en 1957, Merleau-Ponty déjà commentait ce même texte de Husserl. La Terre, écrit-il,

1. *PP*, p. 374.
2. *S*, p. 226.
3. *Œ*, p. 223.
4. *S*, p. 227 (texte daté de 1959).

est « sol de vérité, ou arche qui transporte vers l'avenir les semences du savoir et de la culture »[1].

Une arche, qu'est-ce à dire ? Husserl écrit : la Terre « als Ur-Arche » ne se meut point. M. Joseph Moreau traduit : « La Terre comme point d'origine primitif... »[2]. *Arche* en allemand décalque le grec *archê*, qui signifie origine, commencement, commandement, mais aussi le latin *arca*, au sens de l'arche d'un pont ou de l'arche de Noé. Il nous semble, comme à M. Paul Ricœur qui a bien voulu nous donner son sentiment sur ce point, que Husserl entend parler de l'origine première, et que Merleau-Ponty s'amuse au jeu de mots que l'identique écriture des deux termes en allemand lui permet.

Or un jeu de mots est révélateur. L'*Arche* ici transporte les semences qui vivront l'avenir. Cette image de l'arche est à rapprocher de celle du *cocon* à la page précédente[3]. Le cocon aussi est semence de vie pour une aventure à venir. La Terre est une arche car en apparence inerte elle porte la vie. Notre petite planète, comme l'auteur le dira du monde, « contient nos corps et nos esprits ». Ce n'est pas une chose quelconque parmi d'autres choses, mais un horizon proche, une première esquisse du monde même[4]. « Indestructible », comme le monde.

On en revient donc toujours à la généralité indéfinie de l'affirmation originaire. Notre objection est la suivante : Nous ne reprochons pas au philosophe de dire une seule chose, de dire la même chose, comme Bergson en a proclamé

1. *Annuaire du Collège de France*, 1957, p. 214.
2. J. MOREAU, *L'horizon des esprits*, p. 45.
3. *Annuaire...*, 1957, p. 213.
4. Bien entendu on pourrait interpréter *aussi*, et ce ne serait pas arbitraire, toutes ces images par l'image du sein maternel, et aussi par l'image de la tombe. Le cercueil est une arche ; « Ci-gît la dépouille et la semence de Paul Claudel » déclare dans ce sens l'épitaphe du poète, qu'il avait rédigée. Nous nous en tenons cependant à ce que disent expressément les textes de l'auteur.

la nécessité. Mais à quel critère distinguer la vérité d'une idée fixe ? Le souci de la vérité peut être une obsession, une obsession n'est pas toujours vérité. L'auteur reproche à Sartre de refuser « des degrés de l'être »[1], mais lui-même dans la chose aperçoit partout même prégnance, même densité d'être. Le transcendantal qui se trouve ici négligé, c'est la Beauté. Ce n'est pas seulement le peintre du dimanche, mais le flâneur ou l'alpiniste qui éprouve (dans le commerce concret de la neige ou du brouillard, de la pierre qui s'effrite comme de l'eau qui dort au loin du lac vert) que tous les paysages *ne se valent pas*. Si les choses prononcent une parole muette, c'est avec tantôt plus et tantôt moins d'éloquence. Les montagnes par exemple ont leur figure et, sans projection anthropocentrique, *leur* beauté, véritablement singulière, inégalement accordée à leur apparence, à leur être, les montagnes ont chacune leur degré de beauté. N'est pas Cervin qui veut !

Le génie du peintre, certes, peut être égal, qu'il s'agisse d'un compotier, d'une production non figurative ou de la montagne Sainte-Victoire. Mais le peintre n'égale pas la nature, ni sa présence, ni sa beauté, et dans la nature rien n'est égal. Tout communique il est vrai, chaque chose reflète les autres. Mais chacune n'est pas sans sa voix singulière, il y a peut-être non pas unisson, mais harmonie du tout, ce qui pose la question de l'existence d'un principe de cette harmonie.

Nous opposons sans doute, sans fournir de *preuve* décisive, intuition à intuition. Nous articulerons plus fermement notre objection quand il s'agira non plus des choses seulement, mais de notre rapport avec les hommes.

1. *VI*, p. 97.

Chapitre III

TROUVER LES AUTRES

L'élucidation de la chose nous jetait déjà au « labyrinthe », si la chose est *chair*, et si la pensée abstraite la réduit à un *objet.* Il est cependant relativement aisé de sortir du labyrinthe, de le parcourir dans la bonne direction. Nous sommes aidés par le mutisme résolu de la chose, qui ne parvient à nous poser que des questions — et n'entend pas nos réponses.

Cependant la chose a pour mystérieux prototype le visage d'autrui, un regard sur nous jeté. La chose est le miroir qui *nous* rend visibles à nous-mêmes, au moment même que nous croyons *la* saisir. Elle nous retourne comme un gant, suscite l'échange, déjà remarqué par Hegel, de l'intérieur et de l'extérieur, nous rend témoin d'une visibilité qui nous enveloppe.

En sommes-nous, en pouvons-nous être, le seul témoin ? Cette question ouvre un premier chemin vers le problème philosophique d'autrui. Ce n'est pas le seul. L'essentiel ici est de reconnaître que *je n'ai pas l'initiative.* Autre il y a, s'il me répond avant que j'aie parlé, s'il m'interroge avant que je sache seulement qui je suis, si *de toutes parts* autrui sur moi se précipite, au point qu'on s'étonne que son existence ait pu faire problème.

Avant de nous orienter dans cette question multiforme, dans cette question qui désoriente, et vient affoler la boussole où je pense, à moi seul, trouver le nord, énumérons diverses approches.

Des philosophes ont abordé le problème d'autrui. Hegel, Husserl, Heidegger par exemple. Il n'est pas nécessaire de reprendre, ce que d'ailleurs Jean-Paul Sartre a fait pour son compte dans *L'Etre et le Néant*, leurs problématiques respectives. Il faudrait, pour le moins, y ajouter celle de Sartre. En tout cas nous remarquerons que l'histoire de la philosophie, qui nourrit, ouvertement ou secrètement, chaque philosophie, est présence insinuante de la pensée d'autrui, d'autrui lui-même, dans la pensée du philosophe qui veut élaborer *son* point de vue.

C'est un premier exemple de la difficulté qu'il y a à se définir ou à s'exprimer *soi-même* : on retrouve les autres, Gœthe et Hugo l'ont déjà dit. Mais si on commence par reconnaître les autres, on affirme par là même qu'on est autre que les autres, on affirme l'*Ego*.

On retrouve ce chassé-croisé si l'on interroge le langage littéraire. On le retrouve impliqué par les sciences humaines, qui recueillent des échanges, et non les constats d'un spectateur solitaire : la linguistique bien évidemment, mais aussi la psychologie de l'enfant, la psychopathologie, l'histoire, la géographie, l'exégèse, la sociologie, l'ethnologie... Merleau-Ponty a beaucoup fréquenté toutes ces disciplines (il a même enseigné la seconde nommée), il les fait entrer dans le champ de sa réflexion[1].

Tant de médiations découragent d'espérer saisir l'autre

1. Il le proclame, et il montre comment, dans son article « Le métaphysique dans l'homme », *SNS*, pp. 145 et 172 ; cf. surtout pp. 146-162.

« tel qu'en lui-même ». Le plus rapide coup d'œil sur les écrits de l'auteur montre d'ailleurs que l'autre, ou le problème de l'autre, s'accroche, chez Merleau-Ponty (nous le disons dans le désordre), au monde, au comportement, au travail, à la parole, au désir et à la crainte, à la sexualité, à l'enfance, à la mort, à l'histoire, à la politique, à l'amour, à la religion — la liste n'est pas limitative. Nous pouvons redouter de ne pas nous y reconnaître, et nous voudrions trouver un fil d'Ariane, à supposer qu'il en existe un ici.

Il faut répondre que *ne pas nous y reconnaître*, c'est déjà accuser l'emprise de l'autre, qui dérange notre prétention à maîtriser notre vie. Il faut nous y faire, nous ne nous débarrasserons pas d'autrui, et d'ailleurs ne le voudrions pas car il nous est aussi indispensable que malaisément supportable. La question se pose à nouveau : faut-il seulement *subir* le désarroi qu'autrui, entre autres cadeaux, nous apporte, et apporte en tout cas au philosophe? Est-il possible au contraire d'instituer avec autrui un échange véritable, une société vivable, une communication que nous soyons capables de *penser* ? La réponse de l'auteur est affirmative.

Nous ne nous débarrasserons pas d'autrui, disions-nous. Merleau-Ponty commence bien à déclarer, avec Hegel : « Chaque conscience poursuit la mort de l'autre »[1], mais ajoute aussitôt : « La conscience du conflit n'est possible que par celle d'une relation réciproque et d'une humanité qui nous est commune »[2]. Entre les hommes, dit-il ailleurs, on en reste au meurtre symbolique.

Sinon, semble-t-il, par malentendu ou accident. Nous ouvrons ici une parenthèse car il nous paraît significatif

1. *SNS*, p. 117.
2. *SNS*, p. 118.

que nulle part l'auteur n'analyse le meurtre. Camus, son contemporain, y revient sans cesse. Le meurtre est une catégorie essentielle de l'anthropologie biblique. Caïn tue vraiment Abel, la terre en boit le sang, il est demandé à Abraham de faire couler le sang d'Isaac. Freud nous conduit à nous reconnaître complices du meurtre en évoquant le jugement de Salomon. Deux mères, on le sait, dormant avec leurs nouveau-nés, trouvent au matin l'un des deux mort. Elles se disputent le survivant, Salomon propose que le glaive d'un soldat tranche l'enfant, fasse deux parts égales. L'une des femmes refuse et accepterait plutôt que l'autre emporte l'enfant, vivant. Salomon découvre ainsi la vraie mère, et tout le monde applaudit sa sagesse. Mais tout le monde oublie, ajoute Freud, de porter le deuil de l'enfant qui est mort, de l'enfant de la mauvaise mère. Sa vie est passée aux profits et pertes. Nous avons pour cet enfant les yeux de Caïn pour Abel. Nous sommes tous Caïn.

Refermons la parenthèse. Si les hommes en restent le plus souvent au meurtre symbolique, leurs sentiments se réfèrent au meurtre réel. La mauvaise mère le consentait, prête à livrer au glaive du soldat l'enfant d'autrui. Et les lecteurs de cette histoire ressemblent à cette mauvaise mère, pour eux la mort de son enfant ne compte pas. Alors que chez Merleau-Ponty et peut-être déjà chez Hegel le meurtre ne peut être significatif *que* s'il est symbolique, que *s'il n'y a pas meurtre*[1].

1. Disons dès maintenant, en anticipant sur la discussion seulement amorcée ici, que, s'il convient en définitive d'opposer non pas l'un et l'autre, mais l'un et *les autres*, le meurtre de *l'un des autres* n'empêche pas la communauté de vie avec ceux que l'on ne veut pas tuer. Caïn est *jaloux* d'Abel, donc le meurtre est en même temps désir de vie partagée, la victime est rançon de ce bonheur incestueux. Critiquer Merleau-Ponty pour avoir négligé la catégorie du meurtre n'est donc pas se retrouver en accord avec la doctrine sartrienne de l'autre et du conflit. C'est tout ce que nous voulons dire par cette note.

L'auteur tient ensemble et la mort et la vie, et moi et l'autre, selon un rythme de la pensée qui le caractérise : « Je me trouve en autrui, comme je trouve la conscience de la vie dans la conscience de la mort »[1]. Cette dialectique sans synthèse s'opère en tout état de cause au profit de la vie si « cet autre en qui je voyais d'abord mon rival, il n'est mon rival que parce qu'il est moi-même »[2]. Au lieu d'une vie qui veut une mort, deux vies qui certes s'affrontent, mais par là s'identifient.

On retrouve cette duplication (*la conscience de soi doublée* disait Hegel) dans les textes plus récents. La Préface de *Signes* parle d'un « combat... sans vainqueur » ; elle voit dans les autres « mes jumeaux ou la chair de ma chair »[3], évoquant ainsi Eve tirée de la côte d'Adam, au jardin d'Eden. La coexistence n'est pas d'abord une lutte, si les corps trouvent dans leur distance même une « étrange proximité »[4], si le même sensible devenu leur lien « peut hanter plus d'un corps »[5]. Autrui, notre semblable, peut même se présumer à partir des corps : « Si ma conscience a un corps, pourquoi les autres corps n' « auraient-ils » pas des consciences ? »[6]. Et il est possible que se rencontrent « deux regards l'un dans l'autre, seuls au monde »[7]. On conçoit qu'entre ces jumeaux qui se reconnaissent « étranges »[8] plutôt qu'étrangers jaillisse l'ironie, « relation distante mais

1. *SNS*, p. 118.
2. *Ibid.*
3. *S*, p. 24.
4. *S*, p. 22.
5. *S*, p. 24.
6. *PP*, p. 403. *VI* le redira, mais la présomption rationnelle sera devenue une expérience en quelque sorte immédiate.
7. *S*, p. 24.
8. *Eloge...*, p. 63.

vraie »[1]. C'est l'alternative à l'amour, dans une fraternité douce-amère.

La distance n'en est pas moins fondamentale. Une fusion des consciences, une identification des personnes est impossible — sans quoi l'autre ne serait plus autre, et je serais seul. Aussi « chacun de nous a un monde privé »[2] — simple manière de parler car ces « mondes privés » ne sont pas *le monde* —, mais « je ne rejoins jamais le vécu d'autrui »[3], du moins à la réflexion. Car il ne s'agit pas de nier que les hommes puissent s'atteindre et se trouver mutuellement, chacun sorti de son « réduit »[4]. Mais l'autre, lors même que je l'atteins, ou qu'il m'atteint, reste autre : « Le vrai sujet est sans second »[5].

Il y a là une contradiction, et Merleau-Ponty n'hésite pas à l'assumer. *A la fois* « il y a... un solipsisme vécu qui n'est pas dépassable »[6] et « il peut y avoir pour moi un regard d'autrui »[7]. Même doctrine dans l'ouvrage posthume, énoncée avec précision : « La vie d'autrui, telle qu'il la vit, n'est pas pour moi qui parle une expérience éventuelle ou un possible : c'est une expérience interdite, c'est un impossible, et il doit en être ainsi si vraiment autrui est autrui »[8]. Ou encore : « Les consciences se donnent le ridicule d'un solipsisme à plusieurs »[9].

Par là même sont refusées un certain nombre de doc-

1. *Eloge...*, p. 54.
2. *VI*, p. 25. Cf *SC*, p. 169 : « spectacle privé ».
3. *VI*, p. 26, en note.
4. *VI*, p. 30, cf. *ibid.*, « les hommes habitent chacun leur îlot ».
5. *PP*, p. 401.
6. *PP*, p. 411.
7. *PP*, p. 404. Cf. *S*, p. 24 : « Que sera-ce quand l'un d'eux va se retourner sur moi, soutenir mon regard et refermer le sien sur mon corps et sur mon visage » ?
8. *VI*, p. 110.
9. *PP*, p. 412.

trines. Autrui ne peut être une condition *a priori* de ma représentation ; quel serait le critère de cette catégorie ? Comment savoir, disait déjà Descartes, si sous ces chapeaux et ces manteaux il y a de vrais hommes, et non des spectres ou des mannequins ? Autrui ne peut être, comme Sartre le prétend, le fléau qui me dépossède de ma liberté. Sa thèse est longuement examinée et rejetée[1]. Le verdict est sans nuance : chez Sartre, « autrui existe en fait et n'existe pour moi qu'en fait »[2] ; « philosophiquement il n'y a pas d'expérience d'autrui »[3].

Merleau-Ponty entend rendre compte philosophiquement de cette expérience, et n'y parviendra pas sans remanier profondément nos instruments conceptuels, en particulier la notion de personne, celle de *Je*, de *Tu*, de *Lui*. « Autrui n'est jamais tout à fait un être personnel, si j'en suis un moi-même absolument »[4]. Il faut affaiblir en quelque sorte l'*Ego*, pour qu'il fasse place à des autres qui ne peuvent être non plus des personnes plénières. Un peu, dirons-nous, comme les jumeaux vrais ne sont pas tout à fait des organismes achevés, mais en quelque mesure des moitiés, en miroir l'un de l'autre.

Pour nous aider, l'auteur cherche parfois ses références en dehors de notre culture. En un sens il faut éliminer le problème moi-autrui, « problème *occidental* »[5]. Reprenant, mais en bonne part, une épithète de Hegel, il assure : « La « puérilité » de l'Orient a quelque chose à nous apprendre,

1. *VI*, pp. 84-91, 100-103, 109-115. Nous rendrons compte de cette réfutation dans notre chapitre IV.
2. *VI*, p. 101.
3. *VI*, p. 100.
4. *PP*, p. 405.
5. *VI*, p. 274.

ne serait-ce que l'étroitesse de nos idées d'adulte »[1]. En effet c'est l'adulte encombré de son personnage qui ne sait plus joindre autrui sans le manquer, ou sans se perdre. Mais l'expérience de l'enfance, encore présente en nous, nous le permet. Freud a su faire voir dans l'enfance « une vie adulte prématurée »[2], un premier choix de nos rapports avec autrui. Le syncrétisme enfantin n'est pas tant une incapacité à reconnaître autrui que l'indivision où s'établit la fréquentation première des autres : « Pour que la lutte puisse commencer, pour que chaque conscience puisse soupçonner les présences étrangères qu'elle nie, il faut qu'elles aient un terrain commun et qu'elles se souviennent de leur coexistence paisible dans le monde de l'enfant »[3]. Ce lien, dira-t-il, explicitant Freud, est « un lien d'esprit »[4], et le corps est habité d'un « désir absolu d'approcher autrui et de le rejoindre dans son corps aussi, animé et animant, figure naturelle de l'esprit[5]. Autrui est ainsi donné à l'enfant — cette coexistence est-elle si paisible ? — comme « pôle de ses désirs et de ses craintes »[6].

Il s'agit de savoir si l'on peut assumer l'autonomie de l'adulte[7] en maintenant l'ouverture à autrui de l'enfant. Qu'est-ce, un enfant ? Chacun sans doute a traversé « l'enfance », comme la naissance, la puberté, comme il traversera peut-être la vieillesse et très certainement la mort. En ce

1. *S*, p. 175.
2. *S*, p. 290.
3. *PP*, p. 408. Cf. *SC*, p. 232 : « La psychologie de l'enfance propose... l'énigme... d'une conscience d'autrui à peu près pure. »
4. *S*, p. 289.
5. *S*, p. 290.
6. *SC*, p. 234.
7. Georges Lapassade nous disait un jour que cette notion de l'adulte était anachronique, « aristotélicienne ». Merleau-Ponty pour sa part la tenait pour fondée.

sens l'enfance enracine dans la généralité. Chacun pourtant la vit et par le souvenir la connaît à travers *son* enfance. Merleau-Ponty, il faut le signaler, car s'il livre ici une confidence, c'est qu'il lui est philosophiquement impossible de ne pas s'appuyer à une expérience, qui ne peut être alléguée que si elle est sienne, ouvre son chapitre sur autrui, dans sa thèse, par l'évocation de *son enfance.* Le singulier et le général ici s'emmêlent sans qu'on puisse dire si l'enfance, si telle enfance m'a fait, ou si j'ai fait mon enfance : « C'est à présent que je comprends mes vingt-cinq premières années comme une enfance prolongée qui devait être suivie d'un sevrage difficile pour aboutir enfin à l'autonomie. Si je me reporte à ces années, telles que je les ai vécues et que je les porte en moi, leur félicité refuse de se laisser expliquer par l'atmosphère protégée du milieu parental, c'est le monde qui était plus beau, ce sont les choses qui étaient plus prenantes »[1].

Et Sartre confirme : « Merleau m'a dit un jour, en 1947, ne s'être jamais guéri d'une incomparable enfance »[2]. En ce sens l'autonomie n'est pas entière, ne peut pas l'être, puisque nous portons toujours avec nous, comme nous portons notre corps et comme il nous porte, ce passé que nous n'avons pas fait, et, plus spécialement, « le système des attractions et des tensions qui relie l'enfant aux figures parentales, puis, à travers elles, à toutes les autres »[3].

A l'égard surtout de ces figures l'auteur avance : « Peut-être est-ce la distance qui fait pour nous la réalité de l'autre et surtout de l'autre perdu »[4]. La distance n'a donc pas

1. *PP*, p. 398.
2. *Les Temps modernes*, numéro cité, p. 305.
3. *S*, p. 289.
4. *S*, Préface (1960), p. 37.

augmenté quand la mort nous a dérobé la visible présence d'autrui. Sartre a dit ce que fut pour Merleau-Ponty sa mère, et la mort de sa mère[1]. L'ami pouvait en parler ; nous n'ajouterons rien à son témoignage — ceci seulement : l'existentialisme de Merleau-Ponty et de Sartre est le fait d'hommes pour qui leur mère (et Sartre a voulu qu'on le sache) aura compté beaucoup.

Au reste, quelles que soient les destinées de chacun, la mère est pour presque tous la gardienne de l'enfance, Nous sommes conduits par là à l'idée assez neuve que les autres ne sont pas tant des individus, ou des personnes. que des *rôles*. Une note de 1959 dit succinctement : « Le rapport moi-autrui à concevoir (comme le rapport intersexuel, avec ses substitutions indéfinies...) comme rôles complémentaires dont aucun ne peut être tenu sans que l'autre le soit aussi : masculinité implique féminité, etc. »[2]. Bien entendu cela n'empêche pas tel rôle d'être tenu concrètement par tel ou tel que je ne peux confondre avec aucun autre. Mais *l'anonymat* d'autrui comme son *ipséité* ne sont pas correctement exprimés par la notion de la personne, si du moins on l'entend comme éclipsant l'importance du rôle, le fait que chacun des autres est saisi à travers son rôle (dans l'anonymat qui s'attache à la généralité du rôle), et inaccessible autrement.

Aussi la personne n'est-elle philosophiquement reconnue qu'au sens d'Ulysse qui répond à Polyphème qui lui demande son nom : « Je m'appelle *Personne.* » La note d'avril 1960 évoque cette histoire d'Ulysse, et porte en exergue : *Ego* et *Outis* : « Je, vraiment, c'est personne, c'est l'anonyme ;

1. *Les Temps modernes*, pp. 357-360, 365-366.
2. *VI*, p. 274.

il faut qu'il soit ainsi, antérieur à toute objectivation, dénomination, pour être l'Opérateur, ou celui à qui tout cela advient. Le Je dénommé, le dénommé Je est un objet. Le Je premier, dont celui-ci est l'objectivation, c'est l'inconnu *à qui* tout est donné à voir et à penser »[1].

La personne n'est pas *d'abord*, son être est à venir, au-devant d'elle, elle ne le détient pas ; elle est négativité, n'est *rien*. Mais l'échange selon les rôles (le dialogue effectif qu'Ulysse refuse d'abord au géant, et qu'il lui accordera, en déclinant son nom de roi, après l'avoir vaincu) fait apparaître des personnes. Chez Merleau-Ponty les personnes n'apparaissent qu'en réciprocité, il lui arrive de parler d'un « rapport de personne à personne »[2], mais n'existent pas hors de leur rapport, pas davantage que n'existent les pôles Nord et Sud d'un barreau que ne parcourt plus un flux magnétique.

Un tel rapport, qui est « rapport d'être »[3] autorise une authentique connaissance mutuelle des personnes : « il faut... qu'enfin autrui et moi... soyons les uns pour les autres un système de Pour soi, sensibles l'un et l'autre, dont l'un sait l'autre, non seulement dans ce qu'il pâtit de sa part, mais plus généralement comme un témoin »[4]. Autrui échappe au spectateur qui le surplombe comme un objet, ne se fait transparent qu'au regard du témoin qui pareillement s'expose à son regard.

1. *VI*, p. 299. Cf. p. 312 la réticence envers « toute la philosophie de la personne ». Et déjà *PP*, p. 465 : « Je suis un champ, je suis une expérience. Un jour et une fois pour toutes, *quelque chose* a été mis en train qui, même pendant le sommeil, ne peut plus s'arrêter de voir et de ne voir pas, de sentir ou de ne sentir pas, de souffrir ou d'être heureux, en un mot de s' « expliquer » avec le monde. »

2. *S*, p. 292.

3. *VI*, p. 113.

4. *VI*, pp. 113-114.

Il ne faudrait pas cependant se limiter à la relation duelle (et duel veut dire combat) ; la relation ne noue pas seulement l'un à l'autre mais les uns aux autres : « Le couple le plus strict a toujours des tiers témoins. Peut-être même faudrait-il renverser l'ordre coutumier des philosophies du négatif et dire que le problème de l'autre est un cas particulier du problème *des* autres »[1]. Et, de ce point de vue, « même si nous avons un *autre principal*, de qui dérivent beaucoup d'autres secondaires dans notre vie, le seul fait qu'il ne soit pas autre unique oblige à le comprendre non comme négation absolue, mais comme négation modélisée, c'est-à-dire, en fin de compte, non comme ce qui conteste ma vie mais comme ce qui la forme... comme la variante préférée d'une vie qui n'a jamais été seulement la mienne ». Le problème d'autrui devient « celui de l'initiation à une symbolique et à une typique des autres dont *l'être pour moi* et *l'être pour autrui* sont des variantes réflexives, et non les formes essentielles ».

Ce beau texte révèle que Merleau-Ponty s'orientait vers ce qu'on peut appeler une herméneutique des autres. Mais quels sont les formes essentielles, les rôles fondamentaux ? L'auteur ne le dit pas. La typologie à laquelle il renvoie fait songer à celle de Jung, à certains archétypes de Jung, le vieux roi, la jeune fille, pour ne pas se limiter aux rôles parentaux, dont Freud pour sa part affirme la prépondérance.

Quel est surtout *l'autre principal* dont il est question ? L'auteur ne le dit pas davantage. C'est bien évidemment un rôle encore, qui investit tel ou tel de mes semblables,

1. *VI*, p. 113. *Ibid.* pour les citations suivantes, n. 1, qui se continue p. 114.

et qui doit pouvoir être tenu, par exemple, selon la destinée de chacun, par un père, une mère, un époux, peut-être un héros disparu. Nous formulons l'hypothèse que l'autre principal ne m'est pas irrévocablement attaché, et peut émigrer d'une personne sur une autre.

Il est cependant présomptueux de tenter de préciser ce que Merleau-Ponty n'a pas déterminé. Il recourt pour étayer sa réflexion à une nouvelle évocation de *L'Invitée*, le roman de Simone de Beauvoir qu'il analysait déjà dans *Sens et non-sens*. C'est un roman où les rôles s'échangent à maintes reprises, où l'on voit un trio d'amis se défaire en trois couples alternés, instables et rivaux. L'auteur se réclame aussi de Freud, toujours dans la note à la page 113 que nous commentons, lorsqu'il précise que la relation à un autre est toujours médiatisée par des tiers témoins, « et cela si loin que l'on remonte vers les débuts de la vie, puisque la situation œdipienne est encore triangulaire ».

C'est reconnaître que la situation œdipienne en un sens dure toute la vie et que, de moi-même et de l'autre principal, ce n'est pas moi qui suis le plus marquant dans ma propre vie. Je suis bien plutôt marqué. Une autonomie solitaire est impossible. Etre autonome c'est assumer son comportement devant les autres, c'est témoigner de soi. On vérifie à quel point l'auteur avait raison d'affirmer : « La Trinité n'est pas un mouvement dialectique »[1]. Le dernier mot de Merleau-Ponty implique une tension, qui ne va pas sans souffrance, entre le *deux* et le *trois*. La solitude est impossible et l'exilé n'est, pour son tourment, jamais seul. *Deux* signifie le combat mortel ou l'amour fou (et l'auteur a noté que

1. *SNS*, p. 314. *Dialectique* est pris ici au sens hégélien, et la formule marque un refus de la doctrine de Hegel, qui tient au contraire la Trinité pour un mouvement dialectique.

l'amour charnel fuit le regard d'un tiers témoin). *Trois* symbolise l'échec de la communion unitive, nous rejette vers la courageuse assomption du compromis. Au fond — c'est aussi la leçon de *Huis-Clos*, le chef-d'œuvre dramatique de Sartre — c'est lorsqu'on est trois que chacun est le plus seul, devant les autres. Mais précisément la condition des hommes, c'est cette « situation triangulaire », dont il est malaisé, impossible peut-être, de s'évader. Cette pénétrante analyse des limites de la communication assombrit une philosophie qui certes « n'est pas une philosophie heureuse »[1].

Ce n'est pas pour autant une philosophie désenchantée. On s'en convaincra en interrogeant l'intersubjectivité non plus côté conscience, mais côté chair. Car l'intersubjectivité concrète est aussi intercorporéité. La sexualité humaine ne se réduit jamais à un pur instinct biologique, elle a « pour ainsi dire, un intérieur ; ... elle est doublée, sur toute son étendue, d'un rapport de personne à personne »[2].

L'auteur avait d'abord compris Freud sans y lire cela, et le chapitre sur la sexualité de sa thèse de doctorat est un peu pâle et décevant. « Il y a osmose, concluait-il, entre la sexualité et l'existence, indétermination entre ce qui est sexuel et ce qui ne l'est pas »[3]. C'est un peu la nuit où tous les chats sont gris, les apports de Hegel, Sartre ou Freud ne sont pas intégrés, la pensée se cherche. Le mot « osmose » marque une relation bien molle.

1. *S*, p. 198.
2. *S*, p. 292.
3. *PP*, p. 197.

Dans *Signes* et dans l'ouvrage posthume Merleau-Ponty exprime le contrepoint de l'esprit et de la chair de manière autrement vigoureuse : « Pour la première fois le corps ne s'accouple plus au monde, il enlace un autre corps, [s'y] appliquant de toute son étendue, dessinant inlassablement de ses mains l'étrange statue qui donne à son tour tout ce qu'elle reçoit, perdu hors du monde et des buts, fasciné par l'unique occupation de flotter dans l'Etre avec une autre vie, de se faire le dehors de son dedans et le dedans de son dehors »[1]. On remarquera que l'amant est dit « perdu hors du monde » : mais c'est encore une manière d'être au monde. Les amants sont « seuls au monde »[2], dit-il aussi bien.

Une note de travail éclaire ce texte et va plus loin. La voici dans son éloquent raccourci : « [...] activité n'est plus *le contraire* de passivité. De là rapports charnels, par le bas, non moins que par le haut et la fine pointe Enlacer »[3]. *Enlacer* ne dit plus le rapport frontal qui m'accroche à la chose, rapport que signifie le terme *accoupler*[4]. Enlacer c'est toucher sans toucher, évoquer, invoquer *l'étrange statue*, nous sommes en deçà de l'alternative d'agir ou de pâtir. Et mystiquement les esprits eux aussi se touchent et se répondent. *Enlacer* dit bien cependant qu'il n'y a pas fusion unitive, que les corps demeurent deux, et aussi les esprits. Il y a plutôt échange, le corps de l'un trouve l'esprit de l'autre, et réciproquement.

On voudra bien excuser un si plat commentaire : nous craignons d'être indigne du texte si nous nous en écartons

1. *VI*, p. 189.
2. *S*, p. 24.
3. *VI*, p. 323.
4. Voir plus haut notre chapitre II, p. 58, n. 2.

d'une ligne. Evoquons cependant le *Lai du Chèvrefeuil* ; l'image du lierre enlaçant le bois est le blason des amants qui ne se trouvent qu'en se cherchant sans cesse : « Ni vous sans moi, ni moi sans vous ! » Robin et Marion y réussissent, moins bien Yseut et Tristan, dont la quête est plus haute. Voici notre objection : l'amour est-il seulement échange, ou au contraire n'instaure-t-il pas une fragile et réelle unité ? Unité des corps accomplie par la procréation de l'enfant, dont les caractères génétiques sont empruntés, au prix de la mystérieuse réduction des chromosomes, aux gènes de ses deux parents. Unité des esprits, si chacun trouve l'autre plus intérieur en lui que lui-même, *interior intimo suo*. Enfin la réciprocité amoureuse est-elle indifférente à l'asymétrie des sexes, qui sont des déterminations spirituelles aussi bien que charnelles, au point qu'on puisse en traiter sans en faire mention ? On rejoint par là les objections que nous ferions à la doctrine de Merleau-Ponty sur la notion de la personne. La personne n'est pas, nous en tombons d'accord, statiquement assise en elle-même, et pour se saisir doit se délivrer, l'amour charnel étant un des chemins de cette délivrance. Mais la personne aurait, en elle-même, sa consistance propre, unie qu'elle est par une sorte de pacte aux divers rôles biologiques et physiques (qu'on songe aux performances des sports, ces aventures de la personne), familiaux, sociaux, spirituels que son génie propre, les occurrences de la vie et sa propre liberté lui proposent.

« Flotter dans l'Etre » dit bien le libre abandon de l'*amour fou*. Mais ces amants qui flottent sont des enfants perdus. Dans la ferveur de l'abandon mutuel, ne trouveront-ils pas un calme appui, ne sauront-ils pas, plutôt que flotter et s'égarer ensemble, s'assurer l'un l'autre (pour autant que chacun en sa personne trouve déjà quelque solidité) ?

L'auteur définit une fois la tendresse adulte par la capacité de « faire crédit »[1], et l'oppose à l'aimance infantile « qui exige tout à chaque instant et qui est responsable de ce qui peut rester de dévorant et d'impossible dans tout amour »[2]. Cela est vrai et nous ne prétendons pas que les amours vécus donnent solidement tout ce qu'ils promettent, peut-être parce que l'amour-propre y corrompt toujours quelque peu la loi de l'amour. Mais à l'amour peut-on positivement *faire confiance*, ou doit-on se contenter de *faire crédit*, comme Merleau-Ponty nous y invite ? Convient-il de mettre l'accent sur « les impasses de l'absolu immédiat »[3] qui additionne un « égoïsme absolu » à un « dévouement dévorant » ? Descartes préfère trouver dans l'amour « tant déréglée qu'elle soit, ... plus de douceur que d'amertume »[4], la récompense de la générosité dont chacun est capable, s'il veut user bien de sa liberté. La conclusion du débat ne dépend pas essentiellement de l'humeur plus ou moins enjouée de ceux qui le mènent, mais du statut philosophique du sujet, qui commande la doctrine des rapports entre les personnes et la doctrine de l'amour.

Si imparfait soit un amour, il comble plus qu'il ne désespère et expérimente immédiatement — ne fût-ce que d'un peu loin — l'absolu. Ainsi il dépasse les personnes même et les agrandit ou les approfondit. En ce sens il est confiant, comme l'enfant, et l'on ne peut sans malaise l'imaginer « adulte ». Nous admirons les pages trop rares

1. *S*, p. 289.
2. *Ibid.*
3. *Ibid.*
4. Lettre à Chanut du 1er février 1647 ; *Œuvres choisies*, N.R.F., Bibliothèque de la Pléiade, p. 1026.

consacrées par Merleau-Ponty à l'amour humain. C'est *le plaisir sérieux, couleur de l'absolu* dont parle le poète. Il y manque un sourire.

> Lorsque l'enfant paraît le cercle de famille applaudit à grands cris !

C'est de Victor Hugo. Merleau-Ponty dira plutôt : « Dans la maison où un enfant naît, tous les objets changent de sens, ils se mettent à attendre de lui un traitement encore indéterminé, *quelqu'un d'autre* et de plus est là, une nouvelle histoire, brève ou longue, vient d'être fondée, *un nouveau registre est ouvert* »[1]. Nous avons souligné le tour indéfini : *quelqu'un d'autre.* Un nouvel exilé va tenter de se saisir et n'y parviendra que dans le monde. Dans notre monde, dans *ce monde-ci.* Impossible d'éluder, si l'on veut déterminer le monde comme ce monde-ci, le problème de « l'autre monde ». L'auteur ne méconnaît pas ce problème. « Faire une phénoménologie de « l'autre monde », demande-t-il, comme limite d'une phénoménologie de l'imaginaire et du « caché » »[2]. *L'autre monde* c'est le bord de ce monde-ci, rien de plus. La croyance religieuse cependant, passant par-dessus bord, y trouve Dieu, « tout en tous ». Or la notion d'un Dieu qui soit Esprit, qui soit personnel, est malaisément concevable pour l'auteur, ce qu'il écrit de la personne humaine suffit à nous en persuader. Un Dieu ne saurait être affirmé indépendamment d'un rapport expérimentable avec un homme, « Husserl laisse entendre que, même si l'on entendait poser l'être absolu ou vrai comme

1. *PP*, p. 466. Ce registre de comptable, voilà bien la prose de la vie !
2. *VI*, p. 283.

corrélatif d'un esprit absolu, il aurait besoin, pour mériter son nom, d'avoir quelque rapport avec ce que nous autres hommes appelons l'être, — que l'esprit absolu et nous devrions nous reconnaître, ... et qu'enfin « il devrait avoir « aussi un corps » »[1]. Ce texte a été publié en 1959, l'auteur ne se prononce pas lui-même, mais la véhémence avec laquelle il nous invite à relire ces « pages extraordinaires » de Husserl est presque une adhésion, non pas à une affirmation d'existence, mais à l'implication hypothétique : *si* l'être absolu est esprit absolu, est Dieu, il devrait avoir aussi un corps. Ce n'est donc pas le Dieu de Platon, c'est et ce n'est pas le Dieu des juifs et des chrétiens, qui prend corps dans le Messie, mais, en tant qu'il est créateur du monde, n'est point corps, n'a pas de corps.

Cependant on ne s'attend point à trouver chez Merleau-Ponty une théologie rationnelle. Mieux vaut prendre le problème par l'autre bout, c'est-à-dire par l'examen de ce témoignage humain qu'est la religion. A travers ce témoignage humain, nous pourrons peut-être mieux discerner Dieu, pôle de telles grandes religions (non pas de toutes, si l'on songe au bouddhisme par exemple), allégué en ce témoignage.

L'article « Foi et bonne foi » recueilli dans *Sens et non-sens* paraît à première lecture une profession d'incroyance. Encore faut-il y regarder de près. L'auteur déclare en effet que sa conception de la métaphysique entend recueillir et arracher aux équivoques d'une double vie « tout ce que science *et religion* » vivent effectivement, savoir : « la gloire de l'évidence, celle du dialogue et de la communication réussie,

1. *S*, p. 216.

la communauté du sort entre les hommes, leur accord... en ce qu'ils ont de plus propre »[1].

Il est donc une conception saine de la religion. Alors, cela est jeté en quelques mots brefs, la religion « cesse d'être une idéologie, et rejoint l'expérience de la vie interhumaine »[2]. La nouveauté du christianisme est « comme religion de la mort de Dieu de récuser le Dieu des philosophes et d'annoncer un Dieu qui assume la condition de l'homme »[3] ; Merleau-Ponty ajoute, et dans cette phrase il ne décrit pas du dehors, mais s'exprime et se déclare lui-même : « La religion fait partie de la culture, non comme dogme, ni même comme croyance, comme cri »[4].

La religion, Merleau-Ponty ne l'accepte ni comme « dogme » au sens d'idéologie abstraite, ni comme croyance, en deçà du problème de sa vérité. Mais elle fait partie de la *Bildung* au sens de Hegel, de cette histoire que les hommes se font les uns les autres, comme on se fait la guerre ou la paix. Elle y intervient *comme cri.*

C'est le mot le plus malaisé à entendre. La mention du christianisme le situe mais pour l'interpréter il faudrait savoir comment l'auteur envisage le christianisme. Qui est mort ? Est-ce seulement le Dieu des philosophes ? Qui crie ? Est-ce seulement l'homme qui cherche à accomplir la *culture* ?

Dans le même article de 1946 l'auteur conteste de face non seulement la politique de l'Eglise, mais la spiritualité chrétienne. Il opposerait un dogme à un autre dogme,

1. *SNS*, pp. 171-172 ; nous avons souligné les fins qui paraissent concerner la religion.
2. *SNS*, p. 169.
3. *Ibid.*
4. *Ibid.*; l'auteur ajoute immédiatement : « Mais peut-elle être autre chose, du moins avec conséquences ? »

contrairement à sa propre maxime, si l'on prenait au pied de la lettre la formulation théologique dont il use. Il reproche donc à l'Eglise de ne pas suivre l'Incarnation dans toutes ses conséquences, d'adorer le Fils dans l'esprit de la religion du Père, de ne pas comprendre « que Dieu n'est plus au ciel, qu'il est dans la société et dans la communication des hommes, partout où des hommes s'assemblent en son nom »[1]. Si Dieu n'est plus au ciel, le cri en quoi consiste la religion au seul sens où l'auteur en assume la démarche est la reprise par l'homme des dernières paroles du Christ en croix, qui ont en effet la modalité du cri. Telle est du moins notre hypothèse d'interprétation, étant entendu qu'est refusé, au plan métaphysique, « le contenu manifeste de la religion et... la position d'un penseur absolu du monde »[2].

Voudra-t-on alors chercher des indications concernant le contenu de cette « religion de Merleau-Ponty » ? On en trouvera peu assurément. Pour résumer on peut dire qu'elle ne peut comporter aucun culte : la tâche d'une histoire que l'homme doit rendre pleinement humaine lui suffit. Aucun dogme, sinon l'ombre portée du christianisme, présent dans la contestation qu'on en présente. Aucune morale, autre que cet accomplissement à travers l'histoire, mais animé de ce cri dont il parle, qui doit nous mettre à même d' « aimer notre temps ». Nous verrons plus loin[3] que l'ontologie n'est pas non plus sans implications religieuses. Et cela ne peut étonner, car « la tension est plus grande, parce que la distance est moindre, entre le philosophe qui comprend tout à titre d'interrogation humaine, et la pratique étroite et profonde de la religion même qu'il « comprend », qu'entre

1. *SNS*, p. 313.
2. *SNS*, p. 168. Ce refus s'exprime dans le vocabulaire de Hegel.
3. Cf. notre chapitre IV, pp. 136-137 et *passim*.

un rationalisme qui prétendait expliquer le monde et une foi qui n'était à ses yeux que non-sens »[1]. En somme les religions vraiment vécues, le christianisme et les autres religions — les mythes aussi sont dignes de considération, les « rêveries informes », les « rituels absurdes »[2] — sont des interlocuteurs valables du philosophe. Et plus la tension s'accroît entre les paradoxes de la recherche philosophique et ceux de l'engagement religieux, qui est comme une recherche retournée, *plus la distance diminue.*

Diminuera-t-elle au point que l'interrogation se convertisse en adhésion expresse à ce cri qui traverse toute religion vécue ? Ce serait sans doute détendre la tension, mettre fin à l'interrogation, renoncer à la philosophie et à sa lucide bonne foi pour « l'aveuglement du sacrifice »[3]. L'obstacle philosophique à une profession de foi religieuse apparaît quasi insurmontable.

Aussi lors de la sépulture du philosophe, au cimetière parisien du Père-Lachaise, les assistants furent-ils étonnés de voir le corps marquer une halte dans la chapelle centrale, et surgir un prêtre qui déclara que Maurice Merleau-Ponty lui avait demandé, quelques mois avant sa mort que rien ne laissait prévoir, les prières de l'Eglise. Si nous en faisons état[4], c'est qu'une telle cérémonie, si brève fût-elle, est de soi sociale et publique, qu'elle a été voulue telle. Après sa mort elle sanctionnait un acte de Merleau-Ponty vivant.

Sans doute ne signifiait-elle point que le penseur ait adopté « le contenu manifeste de la religion », qu'il ait renoncé à sa libre interprétation du christianisme. Peut-être

1. *S*, p. 180.
2. *S*, p. 179.
3. *S*, p. 183. Cf. *PP*, p. 409.
4. Suivant les témoignages écrits et oraux de plusieurs témoins oculaires, d'engagements religieux extérieurs bien différents.

la distinction d'un contenu manifeste de la religion et d'un contenu « en soi et pour soi » lui était-elle apparue désormais impraticable. Il suffisait cependant que sa conviction lui parût assez proche du christianisme vécu par les simples pour que son acte n'eût à ses yeux rien d'ambigu. Il ne s'agissait pas alors de pensée, mais de vie. « Tu ne peux pas te relire, a écrit René Char, mais tu peux signer. » Merleau-Ponty a voulu rejoindre le cri qui sauve, à travers l'institution qui, vaille que vaille, le maintient présent.

Comment arranger cela avec les affirmations jamais démenties : « La subjectivité à laquelle nous nous sommes heurtés ne se laisse pas appeler Dieu »[1] ; « le mouvement de réflexion et d'amour qui conduit à Dieu rend impossible le Dieu auquel il voudrait conduire »[2] ? Et l'ultime note de travail, écrite en mars 1961 — Merleau-Ponty est mort le 3 mai —, rejette la théologie et se réclame de Hegel et de Marx : « Nous ne prenons pas le Logos et la vérité au sens du Verbe »[3].

Il semble donc que l'homme ait pris de vitesse le penseur, rebelle à envisager l'accès à l'Etre comme la rencontre d'une subjectivité, d'un Dieu qui soit Esprit. Cependant le témoignage qui ne devînt visible qu'après la mort de l'auteur concernait en quelque manière Celui qui est aussi Dieu des philosophes, Dieu pensé par la raison dans la philosophie, et Merleau-Ponty l'accordait puisque Sartre a pu écrire : « Il lui arriva, dans les dernières années, de refuser qu'on le rangeât parmi les athées »[4], ce que peut

1. *PP*, p. 411.
2. *PP*, p. 412.
3. *VI*, p. 328.
4. *Les Temps modernes*, numéro cité, p. 360. Sartre écrit de façon contradictoire : « il ne croyait plus à la survie » et : s'il refusa qu'on le rangeât parmi les athées, ce fut « pour laisser une chance aux défunts ». Fût-il jamais athée,

indiquer aussi l'appui qu'il accorda à la publication des *Œuvres* de Pierre Teilhard de Chardin[1]. La distance demeure entre les livres de l'écrivain et les actes ou les signes que nous venons de rappeler. A nous, depuis le 3 mai 1961, la tâche de penser et de vivre, aidé par cette œuvre et cette vie, mais non pas déchargés de nos propres choix.

Les autres cependant ne se laissent pas trouver seulement dans l'enfance, la sexualité, l'amour, la religion, la culture, dans l'ordre de la vie privée où toujours ils échappent en même temps qu'ils se donnent à notre regard. On appréhende aussi le système des autres, aussi et peut-être surtout, ou du moins plus aisément, au sein d'une situation historique, sociale, politique. Sur ce terrain en effet il peut se découvrir un bon compromis, tandis qu'il n'en est point pour Œdipe, qui n'est clairvoyant qu'une fois les yeux crevés. Sur ce plan l'auteur trouve une issue. C'est peut-être même le dévoue-

répondons-nous à Sartre, lui qui dans *Eloge de la philosophie* écrivait, dès 1953 : « On passe à côté de la philosophie quand on la *définit* comme athéisme », et loue Lichtenberg d'avoir suggéré « qu'on ne doit pas affirmer Dieu et pas non plus le nier », car, disait Lichtenberg, « il ne faut pas que le doute soit plus que de la vigilance » (*Eloge*, pp. 62-63) ? Crainte sous le nom de Dieu d'honorer de faux dieux, refus de nier Dieu et claire volonté de laisser la question ouverte.

1. On peut dater peut-être la prise de position « théiste » de Merleau-Ponty en observant qu'en 1959 son nom apparaît au Comité général qui patronnait la publication des *Œuvres* du P. Teilhard, donc en page 10 du tome V : *L'avenir de l'homme* ; or il ne figure pas dans la liste des membres du Comité auparavant, par exemple lors de la publication en 1957 du tome IV : *Le milieu divin*. On rappellera que plusieurs membres du Comité scientifique et du Comité général ont au contraire interrompu leur patronage après le tome IV, leur rationalisme ou leur libre-pensée répugnant à cautionner l'auteur d'un ouvrage « mystique ». Le nom de Merleau-Ponty n'apparaît donc pas au hasard. C'est un témoignage qui l'engage, mais qui bien entendu ne signifie pas qu'il prend à son compte la doctrine de Teilhard. Il sympathise avec une tentative pour penser ensemble l'humain et le divin, c'est tout ce qu'on peut avancer. Et ce n'est pas rien.

ment à l'homme dans son histoire qui donne le courage de survivre[1]. Le « héros des contemporains » y rencontre les tâches de la fidélité et du courage[2].

L'histoire de notre temps est pourtant pleine de bruit et de fureur, autant au moins qu'aucune autre. Mais il ne s'agit pas d'applaudir, de faire aveuglément confiance, il s'agit au contraire de vouloir un avenir humain, et ce vouloir comporte en quelque sorte l'obligation de l'espoir : « En politique, les mécanismes d'étouffement, de paralysie ou de terreur ne sont pas irréversibles »[3] ; « si l'auteur a bien lu », les signes qu'il nous semble recevoir « ne seraient pas de si mauvais augure ». «[4] Il faut croire que nous y mettons du nôtre »[5], reconnaît l'augure avec humour. Il stigmatise les crimes du temps présent, ouvre un avenir dont il ne peut désespérer, et cet avenir condamne les vieilles impasses jusque-là sans aucune issue. André Robinet a justement souligné cette ouverture : « Merleau-Ponty nous a quittés là : après avoir refermé ce qui lui semblait fausse sortie, toutes issues de nouveau grandes ouvertes... »[6].

Si le témoin avoue l'impasse, dira-t-on, comment peut-il augurer le succès ? Plus précisément, si *Humanisme et terreur*, puis *Les aventures de la dialectique* instruisent le procès de la politique soviétique, comment l'auteur peut-il continuer à chercher une issue à ce drame qu'est l'histoire des hommes selon une perspective qui, loin de désavouer le marxisme, le continue ?

1. Cf. *SC*, p. 238 : le suicide est, avec la parole et l'action révolutionnaire, un type fondamental de la dialectique humaine.
2. Cf. *SNS*, p. 236, et les intéressantes réflexions de M. Baralon, travail cité, pp. 67-83.
3. Prière d'insérer de *S*, p. 4 de la couverture.
4. *Ibid.*
5. *Ibid.*
6. A. Robinet, *Merleau-Ponty*, p. 39.

On répondra d'abord que le succès n'a rien d'assuré, mais qu'y travailler est pour nous une obligation, d'ordre éthique : « Il y a égale faiblesse à ne s'en prendre qu'à soi-même et à ne croire qu'aux causes extérieures »[1]. Ce n'est pas en invoquant un absolu, théologique (donc théocratique) ou même anthropologique, qu'on rendra la vie plus humaine, mais en acceptant qu'il y ait le monde, et le mal, né « dans ce tissu que nous avons filé entre nous, et qui nous étouffe ». « Quels nouveaux hommes » (il les appelle, et il en fait déjà partie, même si l'action de ces nouveaux hommes ne se manifestera qu'après lui) « assez durs seront assez patients »[2] pour refaire vraiment notre monde et, en lui, le mal moins malfaisant ?

Aussi bien la condamnation du stalinisme, prononcée dès 1947 (le *Rapport Khrouchtchev* date de 1956), n'est pas une prophétie. C'est un jugement solidement appuyé sur l'analyse perspicace des grands procès. Certes la révolution russe de Lénine, Trotsky et Staline a été refusée par d'autres dès 1917 ou même avant, mais ils n'étaient pas marxistes, refusaient de lire Marx et n'avaient pu prévenir la tempête. Au reste, en s'écroulant, la statue de Staline n'a pas ressuscité les czars.

Lire Marx, donner une chance à une politique marxiste et rejeter celle de Staline, voilà qui n'était pas si facile, en 1947. Même si aujourd'hui, rétrospectivement, la « tyrannie » de Staline est devenue un lieu commun.

Le second livre, en 1955, va beaucoup plus loin. Il ne s'agit plus de condamner la politique de l'Etat soviétique pour préserver les chances d'une révolution des prolétaires,

1. Préface de *S*, p. 47.
2. *S*, Préface, p. 47.

mais, pour préserver les chances d'une révolution quelle qu'elle soit, de condamner l'idéologie communiste. La Préface de *Signes* (1960) va plus loin encore et, pour préserver les chances d'une histoire humaine, ensevelit dans le linceul de pourpre des dieux morts la doctrine de Marx elle-même. Devenue « classique », elle demeure vraie comme une matrice générale de sens, vraie comme Platon, vraie comme Descartes : elle ne peut plus être le vivant creuset d'une politique.

Que de manières, diront certains, pour prendre congé du marxisme, sans même par une critique théorique radicale en avoir ôté le venin ! Nous dirons : Merleau-Ponty prend acte de l'échec d'une pratique idéologique et politique, mais préserve l'aiguillon capable encore de tracer un avenir. De fait Mao-Tse-Tong, Castro, Guévara, même Cohn-Bendit trouvent pour la révolution marxiste ou néo-marxiste des voies nouvelles. Mais en Chine, à Cuba, ... à Nanterre ! a-t-on vu surgir l'homme total, ou seulement de vains espoirs accumuler de nouvelles ruines ? Merleau-Ponty n'entretient-il pas l'utopie pernicieuse — demanderont les mêmes questionneurs — d'une introuvable révolution humaniste, qui va souvent jusqu'à la violence, mais jamais ne restaure l'humain ?

La question est légitime, si l'on ajoute aussitôt, avec Merleau-Ponty, qu' « un régime nominalement libéral peut être réellement oppressif »[1]. Fût-il fondé sur la dignité humaine, ou sur l'autorité divine, un régime politique doit toujours assumer la violence, même légale, et justifier politiquement et moralement de son usage. Rien ne justifie que la sévérité du moraliste aille électivement aux crimes

1. *Humanisme et terreur*, p. x.

des révolutionnaires, et qu'elle épargne ceux du « désordre établi », comme disait Mounier.

Le monde, l'histoire, le crime et le mal dans ce monde continuent. La justice n'a pas visiblement triomphé. Il n'est pas établi, cela est sûr, qu'elle se découvre du côté où Merleau-Ponty, inlassablement, l'attendait. Mais de nombreuses expériences montrent que la violence n'est pas moins ruineuse, pas moins inhumaine ici que là, en Espagne par exemple moins qu'en Tchécoslovaquie.

Ce n'est pas sur le terrain de la politique qu'on pourra disqualifier l'espoir de Merleau-Ponty. Quelle que soit l'option qu'on prenne, on entendra avec fruit la leçon de ses livres politiques, on lui saura gré d'être sévère à ses amis, et on s'efforcera de l'imiter sur ce point.

Ce que peut-être on peut regretter, c'est que la dialectique de la vie publique soit chez notre auteur tellement disjointe de celle de la vie privée — sauf lorsqu'il énonce que l'honneur d'un révolutionnaire, dans le refus du mensonge, s'identifie à l'honneur de l'homme tout court. Mais il est aussi, par exemple, époux ou père. S'il y a chez Merleau-Ponty des *devoirs envers soi-même* (et par exemple il sanctionne d'un jugement sévère, presque puritain, l'érotisme littéraire[1]), si l'action politique elle-même est, au départ, un tel devoir envers soi pour maintenir la dignité de l'homme et ainsi la demander pour tous, il n'y a pas chez lui, immédiatement, de *devoirs envers les autres*.

Cela tient à sa conception de la personne, qui ne peut accéder à une effective autonomie. D'où ce contraste entre un certain désarroi des consciences privées (même l'amour ne fait que doubler la solitude) et l'inlassable patience de

1. Cf. *S*, Sur l'érotisme, pp. 385-387.

l'entreprise politique et sociale. Peut-être faut-il comprendre que celui qui a renoncé pour lui-même au bonheur et en ce sens désespéré d'un possible salut s'impose de travailler à ménager *pour les autres* des perspectives moins sombres : ce qui revient à reporter sur l'avenir et à confier aux générations nouvelles, avec abnégation, l'espoir des hommes.

Lucide, Merleau-Ponty ne s'abandonne jamais à désespérer, s'interdit même toute amertume. En définitive c'est le courage de l'affrontement qui lui vaut la confiance de ses lecteurs, toujours plus nombreux. Ainsi, à sa manière d'homme fier et seul, mais attentif à tous, a-t-il en fin de compte réussi, comme peu l'ont su faire, a-t-il réussi et mérité de trouver les autres.

CHAPITRE IV

TROUVER L'ÊTRE

« *L'Absolu est Sujet* » disait Hegel ; saisir l'absolu, c'est l'engendrer, il n'est pas devant la conscience comme un objet, il est le mouvement même de la conscience venant à soi.

Chez Merleau-Ponty tout au contraire *il y a* l'Etre ; c'est l'expérience d'une effectivité dont nous sommes les témoins d'abord muets. L'Etre n'est certes pas *ailleurs* qu'en la perception de la chose ou l'interpellation d'autrui et, en un sens, les chapitres précédents disent déjà, de l'Etre, ce que le philosophe en peut dire. Un Etre séparé ne saurait appartenir à notre expérience, se trouver impliqué dans notre pensée, un Etre séparé ne serait pas en vérité l'Etre qui nous concerne, et qui déconcerte l'agilité de l'entendement.

L'accès à l'Etre est donc le phénomène, il n'y en a pas d'autre. Mais l'ontologie n'est pas, comme elle est chez Sartre, « ontologie phénoménologique », attachée à la phénoménologie descriptive comme l'envers de l'expérience à son endroit, ni l'Etre n'est le doublet, le reflet de la conscience qui le reflète[1]. Chez Merleau-Ponty il y a, du phénomène à l'Etre, passage à un autre ordre.

Il y a deux façons d'envisager le phénomène : la première, simple lecture du phénomène, ouvre sur la seconde qui sans quitter l'expérience ouvre d'elle-même sur l'Etre. L'effectivité enjambe le phénomène et impose l'Etre. Nous devons dire : « il y a... l'Etre », et cependant s'il n'y avait la perception concrète de ce monde-ci nous ne saurions dire « il y a »; nous ne pouvons nous retirer du monde que nous percevons et nous détacher du phénomène pour proférer « l'Etre est », encore moins pour le qualifier, car ce serait recourir dogmatiquement à une abstraction sans pensée.

Il nous faut donc relire Merleau-Ponty, et saisir en cette seconde lecture qu'on ne saurait aller vers l'Etre, qu'à la vérité *on en revient*, que l'Etre est toujours déjà là pour nous. Ce mouvement qui s'emploie à trouver l'Etre, à augurer sous nos expériences les plus diverses l'*in-augural*, le fondamental, s'atteste avec une évidence de plus en plus impérieuse dans les dernières œuvres. Seules les dernières œuvres prennent expressément l'Etre pour thème. Mais sans rupture, sans reniement des premiers travaux cependant réinterprétés. Plutôt qu'une seconde philosophie, il s'agit d'une sorte de retournement des premières analyses, et d'une conversion du regard : du *comportement* et de la *structure* nous passons à la *vision* et au *Logos*. L'auteur ébauche une paradoxale anatomie de l'invisible.

La structure du comportement se place sur un plan méthodologique, gnoséologique. Aussi ce premier ouvrage est-il

1. On ne sait pas très bien chez Sartre, de l'*En Soi* et du phénomène, où est l'envers, où est l'endroit. Mais ARISTOTE a dit : « La pensée n'est pas relative à ce dont elle est pensée, car ce serait dire la même chose deux fois » (*Métaph.*, Δ, 15, 1021 *a*).

en quelque sorte neutre du point de vue de l'ontologie. Mais il ouvre furtivement quelques aperçus sur la problématique ultérieure. Rétrospectivement, il est aisé d'y relever l'amorce d'une ontologie. Si en effet « le philosophe apprend à connaître, au contact de la perception, un rapport avec l'être qui rend nécessaire et qui rend possible une nouvelle analyse de l'entendement »[1], cette analyse de l'entendement initie à ce « rapport avec l'être ».

Sans doute il nous est dit que la critique du mécanisme ne doit pas être conduite sur le plan de l'être, au nom d'un dogmatisme de la substance[2]. Sans doute encore, cette « pensée constituante ou naturante qui sous-tend intérieurement la structure caractéristique des objets », l'auteur estime en rendre compte suffisamment en parlant avec Husserl de « phénomènes »[3], du point de vue transcendantal d'une « conscience absolue, milieu d'univers »[4].

Mais cette conscience ne se réduit pas au rapport de représentation à représenté selon le modèle criticiste ; elle couvre aussi la « reconnaissance aveugle de l'objet désiré par le désir et du bien par la volonté »[5]. Aveugle si on la définissait en termes d'entendement, cette conscience clairvoyante cherche et trouve, déchiffre du sens, lit « le texte »[6] comme s'exprime parfois l'auteur, ou encore sonde le « fonds non relationnel »[7], car elle s'explique avec la nature.

La nature, voilà la notion chargée d'implications onto-

1. Texte de 1953, *Annuaire du Collège de France* pour ladite année, p. 145.
2. *SC*, p. 214.
3. *SC*, p. 270.
4. *SC*, p. 274.
5. *SC*, p. 234.
6. *SNS*, p. 34.
7. *SC*, p. 209 ; l'expression est mise entre guillemets, et donc empruntée, sans doute à Goldstein, le philosophe de la vie biologique en tant que forme d'existence.

logiques. Elle est bien définie au début du livre par la multiplicité, l'extériorité, la causalité, mais le contexte[1] indique qu'il s'agit de rapports internes et de causalité lourde, non pas de catégories transparentes à l'entendement. La *forme*, est-il précisé plus loin, fournira « la synthèse de la nature et de l'idée »[2]. La nature n'est donc pas simple construction mentale. Une note n'hésite pas à mettre la majuscule et demande à la « réflexion transcendantale », nous dirions même : métaphysique, de discerner la « Nature primordiale »[3]. Merleau-Ponty ne cite ici ni les stoïciens, ni Schelling, mais cette expression renvoie à des conceptions de la Nature nullement intellectualistes, cela est clair.

S'il en est ainsi, la *phénoménologie* de l'auteur, orthodoxe ou pas, peu importe, penche vers un réalisme ontologique. On le perçoit lorsqu'il parle de signification immanente (p. 211), de la perspective comme propriété des choses (p. 251) ; d'institution, d'inhérence (p. 280), de coexistence. Lorsqu'il se préoccupe d'intégrer à la philosophie transcendantale « jusqu'au phénomène *du réel* » (p. 304), l'être est là. Il y est sous son nom (ce nom commun qui est son nom propre) page 285, où est alléguée « l'opération originaire qui installe un sens dans un fragment de matière, l'y fait habiter, apparaître, *être* ». Il semble bien qu'ici *être* dit davantage qu'exister. On remonte du sens apparu à l'être qui prend sens. L'ouvrage posthume n'affirme pas autre chose lorsqu'il invoque un *Logos de l'Etre*.

1. Cf. *SC*, Introduction, p. v, lignes 3 à 5 ; les éclairer en confrontant cette définition aux indications données dans la suite de la page v, page vii et page viii (ligne 1 : « connexion intrinsèque »).

2. *SC*, pp. 224-225, en note. Cf. *Annuaire...*, 1957, p. 209, sur la Nature *principe barbare* selon Schelling, et « unité brute par laquelle l'univers *tient* » chez les stoïciens, ainsi que *VI*, par exemple p. 321 et *passim*.

3. *SC*, p. 225, suite de la note commencée p. 224.

Cependant cette ontologie qui se fait jour çà et là et que l'auteur tantôt masque et presque refoule, tantôt souligne un instant, demeure encore bien cachée.

Elle se trahit davantage dans *La phénoménologie de la perception*. L'ontologie de la substance est rejetée. L'Etre ne saurait résider au-delà, en dehors des phénomènes, il ne saurait être abstraitement conclu, inductivement ou dialectiquement, comme l'opposé aux apparences sensibles. L'être est au contraire précisément *ce qui apparaît*, il n'est pas étranger à l'apparition.

Mais l'auteur rejette non moins fermement un phénoménisme éparpillant l'être à la surface des phénomènes — car c'est l'être qui réunit et maintient la diversité phénoménale en un même monde et pour toute conscience inscrite au monde.

Certains iront prétendre que, dans cette lutte sur deux fronts, le réalisme de la substance est plus violemment dénoncé que l'idéalisme ou le phénoménisme. On soutiendra que l'accent n'est pas placé sur l'être, si l'être ne peut être évoqué sans le monde, et sans l'homme dans le monde, si la conscience est « être au monde », mon corps « le véhicule de l'être au monde »[1] : l'être serait un corrélat de la conscience, du corps et du monde, sans primauté ontologique.

On répondra qu'il y a, dans *La phénoménologie de la perception*, primat de l'être, qui n'est pas substance mais qui demeure un absolu, l'absolu. Il n'y a pas du tout lutte sur deux fronts pour s'établir en une position médiane, qui

1. *PP*, p. 163, note.

serait mélange confus ou compromis bâtard entre substantialisme et phénoménisme. Il n'y a pas primauté du sujet, même transcendantal, il y a primat de l'Etre, nous allons en administrer la preuve.

On dira encore que c'est la perception elle-même qui est « le texte originaire »[1], que c'est par exemple le ciel « perçu ou senti » dont l'auteur nous dit qu'il « existe pour soi »[2], et donc, interprétera-t-on, le ciel-pour-nous qui existe pour soi. On relèvera surtout que l'être n'est pas premier, si « c'est par le temps qu'on pense l'être »[3]. Mais le temps chez Merleau-Ponty *n'est pas* une forme *a priori* de la sensibilité, il communique l'être. Si « le monde n'est pas l'explicitation d'un être préalable », l'auteur ajoute aussitôt qu'il est « la fondation de l'être »[4], c'est-à-dire non pas unilatéralement ce qui fonde l'être, mais aussi ce que l'être fonde, le terme de *fondation* étant pris dans un double sens, et signifiant davantage que *fondement*. On ne peut interpréter dans un sens idéaliste, purement humaniste, la déclaration : « Le seul Logos qui préexiste est le monde même »[5]. Ce monde « inachevé »[6], nous le reprenons « pour essayer de le totaliser et de le penser ». Nous essayons et en quelque manière y parvenons, ce qui est trouver l'être.

Disons encore une fois que détachées du contexte les affirmations de l'auteur semblent pouvoir être portées au crédit d'une philosophie du sujet transcendantal ou de la simple immanence dans le vécu, au compte d'un Husserl

1. *PP*, p. 29.
2. *PP*, p. 248.
3. *PP*, p. 492.
4. *PP*, p. xv.
5. Même référence. Sartre, *Les Temps modernes*, numéro cité, p. 368, affirme au contraire : « Non : il n'a jamais cessé d'être humaniste... »
6. Même référence. L'expression est empruntée à Malebranche.

(qui n'est sans doute pas le vrai Husserl) resté très proche de Kant. Nous ne reprendrons pas à chaque fois la réfutation d'une telle interprétation. Car ces textes s'articulent à d'autres textes qui délivrent *sans ambiguïté* une ontologie positive, une affirmation de l'être. Nous allons en enchaîner quelques-uns.

« Notre image du monde ne peut être composée qu'en partie avec de l'être, il faut y admettre du phénomène qui, de toutes parts, cerne l'être »[1]. L'être est un composant de notre image du monde, il est au cœur du phénomène ; cerné, masqué, il est aussi dénoncé par lui. Et la science, coupée du monde vécu dont elle est l'expression seconde, « n'a pas et n'aura jamais le même *sens d'être* que le monde perçu »[2]. Comme dans la réminiscence platonicienne, c'est du monde sensible que l'on part, non pour le quitter, mais pour pénétrer l'être que de toutes parts il « cerne » et retient en lui. Le phénomène, il faut s'y enfoncer, jusqu'au cœur, jusqu'à l'être. La réflexion n'est que la reprise du mouvement interne de l'être. « La *merveille* du monde réel c'est qu'en lui le sens ne fait qu'un avec l'existence et que nous le voyons s'installer en elle pour de bon »[3]. *Le sens d'être* opère une naturelle transfiguration. « Ce *prodige* de la connexion des expériences... »[4], c'est le monde, et c'est nous, « puisque nous sommes ce nœud de relations »[5]. Un nœud de relations n'est pas une relation, c'est ce que Jean Wahl appelle une relation absolue à l'absolu. Merleau-Ponty parle de mystère, et même de « mystère absolu »[6], pas au sens négatif de

1. *PP*, p. 318.
2. *PP*, p. III. Les mots soulignés le sont par nous, comme dans les citations qui vont suivre.
3. *PP*, pp. 373-374.
4. *PP*, p. XVI.
5. *Ibid.*,
6. *PP*, p. 384.

l'indéterminable et du confus, au sens positif des mystères antiques, initiation au secret de la Nature, Isis sans voiles. Ce mystère du monde est manifestation, expose l'être, qui se dérobe à l'entendement abstrait. Prodige naturel, comme tous les prodiges, qui ne relèvent pas du rêve ni de l'idée, mais de la réalité effective. L'être étonne, émerveille, comme font un bond prodigieux, un enfant prodige. Restant l'être il nous est à la fois étrangement, intimement présent. Ainsi fait irruption en nous le bond prodigieux et nous ne sommes plus que bond. L'être éclate en moi, je ne suis plus que cet éclair : « Quand l'éclair-homme s'allume, tout est donné sur l'instant »[1]. La vue est en même temps vision. Le visionnaire n'a rien inventé : l'être, l'invisible, il l'a vu.

En un vocabulaire différent la perception est appelée un *texte* originaire. L'homme est interprète de l'être lorsqu'il recueille (cf. le verbe grec *to legein*, sens premier : recueillir, puis : lire) le sens brouillé et *réalise*[2] le seul *Logos* qui préexiste, le monde même. « Talisman de monde »[3], écrira-t-il plus tard, texte total qui recèle le chiffre de son interprétation et ainsi, comme la parole vivante, s'enseigne lui-même.

C'est encore la même expérience fondatrice qu'invoque l'artiste qui en appelle « à une raison qui embrasserait ses propres origines »[4]. Cézanne disait : « Je me tourne vers l'intelligence du *Pater Omnipotens* », et Merleau-Ponty continue : « Il se tourne, en tout cas, vers l'idée ou le projet d'un *Logos* infini »[5]. En ce *Logos* l'être se dit devant nous,

1. Cité par Sartre, *Les Temps modernes*, n° 184-185, p. 368.
2. Cf. *PP*, p. VI : « réalisation d'une vérité », et la doctrine de la réalisation chez René Guénon.
3. Œ, p. 201.
4. *SNS*, p. 32.
5. *SNS*, p. 35.

nous sommes entraînés dans cette autocréation. Inversement le monde évoque une production comme celles de la peinture, il commande silencieusement notre regard : « Tout se passe comme si, en deçà de notre jugement et de notre liberté, quelqu'un affectait tel sens à telle constellation donnée »[1]. N'épiloguons pas sur *quelqu'un*, puisque tout se passe seulement *comme si*. A tout le moins le sens qui nous saute aux yeux ne se confond pas avec la constellation des données, pas davantage que le sens d'un écrit ne se confond avec sa lettre. Le sens apparaît imposé par une force immense et mystérieuse. Telle est l'emprise de l'Etre : « Il y a un sens autochtone du monde qui se constitue dans le commerce avec lui de notre existence incarnée »[2]. Ce monde nous y sommes et même nous en sommes. Nous sommes partie prenante. Cela n'empêche nullement le sens du monde d'être *autochtone* : le monde et l'Etre ne sont pas le monde et l'Etre sans nous inclure.

Ce sens intrinsèque est attesté par l'unité et l'unicité du monde, qui s'imposent de soi et que nous devons reconnaître : « Le réel est un tissu solide, il n'attend pas nos jugements pour s'annexer les phénomènes les plus surprenants »[3]. Ce monde unique, « tout y demeure »[4], car « le monde naturel est l'horizon de tous les horizons, le style de tous les styles, qui garantit à mes expériences une unité donnée »[5]. Cette

1. *PP*, p. 503. Passage relevé par André ROBINET dans son excellente présentation, *Merleau-Ponty*, p. 28.
2. *PP*, p. 503. PLATON appelle autochtones, dans *Le Politique*, les « fils de la Terre ». Lorsque la Terre et les hommes tentent de se gouverner eux-mêmes, et que Zeus y consent, la Terre et ses fils sont responsables de leur marche errante. Mais bientôt Zeus reprend les commandes, et tout tourne enfin dans le bon sens.
3. *PP*, p. v.
4. *PP*, p. 230.
5. *PP*, p. 381.

« synthèse présomptive »[1] assure de l'unité, mais n'empêche point l'inachèvement du monde. En d'autres termes le sens ultime demeure « brouillé »[2], ce qui interdit la pure analyse selon l'entendement, mais il n'est pas dissous, et c'est à bon droit qu'il m'apparaît « que le monde se vit lui-même hors de moi »[3]. Ce n'est pas mon expérience en tant qu'elle est mienne, c'est le monde *lui-même* qu'elle vise et qu'elle atteint dont l'unité et la vie me sont données, s'offrent à moi.

Nous les recueillons dans le temps, mais elles ne sauraient se constituer dans notre temps, elles viennent de plus loin et c'est une éternité qu'elles nous apprennent. Mortels, nous tentons de nous y mesurer, et cela ne nous est pas facile. Merleau-Ponty ne renonce jamais à exprimer un amour passionné du temps, qui nous tient de trop près pour que cet amour soit coupable, et l'expérience d'un éternel ne rompt pas le temps, mais entre avec le temps en tension violente. Il nous redit à sa manière ce que Milosz exprimait si bien :

> ... Mère
> Trop sage, éternité, ah ! laissez-moi vivre mon jour !

Le ton est celui d'un aveu : « le temps ne se ferme jamais tout à fait sur lui [= sur l'être], et il demeure comme une blessure par où notre force s'écoule »[4]. Nous en appelons à cette force qui s'en va. Quand je projette autour de mon présent le double horizon du passé et de l'avenir et lui donne une orientation historique, « il y a bien ici l'invocation,

1. *PP*, p. 84.
2. *PP*, p. 384.
3. *PP*, p. 385.
4. *PP*, p. 100. Une autre blessure est la fuite au loin de l'horizon « par où la substantialité de l'objet s'écoule » (p. 84).

non pas l'expérience d'un naturant éternel »[1]. Si je meurs, c'est que le monde persiste. Ronsard — s'il nous est permis d'appeler derechef en témoignage un poète — le savait bien :

> Le temps s'en va, le temps s'en va, Madame !
> Las ! Le temps non, mais nous nous en allons.

Le temps ne se suffit pas, ne nous suffit pas et c'est bien Merleau-Ponty qui écrit : « On peut dire indifféremment que le présent est une ébauche d'éternité et que l'éternité du vrai n'est qu'une sublimation du présent »[2]. L'éternité n'est pas davantage un mythe que le présent. Certes, l'éternité n'est pas donnée ; le présent non plus, qui toujours a passé lorsque je veux le saisir. Un balancier aux bras égaux sépare et relie à l'éternité l'instant : « Il y a au cœur du temps un regard, ou, comme dit Heidegger, un *Augen-blick*... ; le temps est quelqu'un »[3].

Dans l'*Augen-blick* (le terme appartient au langage des mystiques), le temps, venu de plus loin, me transperce. En un coup d'œil, en un clin d'œil le temps aussi se dérobe. Si paraissait quelque chose, ce serait de l'éternel... *In ictu oculi*, comme survient la mort, ce peu profond ruisseau.

Merleau-Ponty à cet instant hésite, mais rien ne paraît, à l'instant défaillant un autre instant succède. L'ébauche reste en suspens, il n'y a qu'une « quasi-éternité »[4] et même on doit dire que « le sentiment d'éternité est hypocrite », car « l'éternité se nourrit du temps »[5].

L'auteur en tue donc à la fin le spectre, mais comme il le tue mal ! Car le temps *aussi*, nous l'avons vu, se nourrit

1. *PP*, p. 277.
2. *PP*, p. 451.
3. *PP*, p. 483.
4. *PP*, p. 484.
5. *Ibid.*

de l'éternité qu'il ébauche, et nous sommes fondés à demander si Merleau-Ponty a droit de masquer l'usage positif qu'il fait *déjà* de ce qu'il nommera plus tard l'éternité existentielle. Il préfère alors se tourner vers l'urgente et dévorante histoire ; pour lui faire place, il bouscule un peu cette éternité importune :

> ... Mère
> Trop sage, éternité, ah ! laissez-moi vivre mon jour !

Mais dès *La phénoménologie de la perception* il sait, et il dit, que rien de ce qu'il a vécu, vit et vivra ne prend sens qu'*en regard de* l'Eternité. Rien ne peut effacer l'*Augenblick.*

L'Etre se communique à nous cependant, et comme de plain-pied, à travers la perception sensible même. « La sensation est à la lettre une communion »[1].

Mais qu'est-ce, une communion ? Ce n'est pas l'indistinction et comme le mélange de l'homme avec ce à quoi il communie, ni l'absorption de l'un des deux pôles dans l'autre ; ce n'est pas non plus une synthèse comme celle de la Religion absolue chez Hegel. Merleau-Ponty prend pour modèle analogique de la communion du sentant au senti le sacrement chrétien : « Comme le sacrement non seulement symbolise sous des espèces sensibles une opération de la grâce, mais encore est la présence réelle de Dieu, la fait résider dans un fragment d'espace et la communique à ceux qui mangent le pain consacré s'ils sont intérieurement

1. *PP*, p. 246. Cf. *SNS*, p. 29, qui rapporte un mot de Cézanne, qui « germinait » avec le paysage.

préparés »[1]. C'est suggérer que la sensation n'est pas une œuvre du sujet sentant, mais advenue réelle, présence qui s'impose à la conscience mais se dérobe à toute récupération réflexive.

Un second modèle analogique introduit ce thème de la sensation-communion, c'est le modèle de la relation du dormeur au sommeil. On ne s'endort pas sans la conscience, mais c'est pour la perdre, ni sans le corps, mais il va s'abandonner à une puissance étrangère et plus forte : « Soudain on dirait que ma bouche communique avec quelque immense poumon extérieur qui appelle et refoule mon souffle, un certain rythme respiratoire, tout à l'heure voulu par moi, devient mon être même, et le sommeil, visé jusque-là comme signification, se fait soudain situation. De la même manière soudain le sensible prend mon oreille ou mon regard... Comme le sacrement... » Suit alors le passage cité plus haut. Nous devons donc corriger l'une par l'autre les deux analogies de la réception du sacrement et de la venue du sommeil. Le sacrement[2] est conçu comme la disponibilité à une sorte d'aliénation. Le sommeil est déjà une sorte de sacrement, un *yoga* du souffle. Sacrement et sommeil nous soumettent au dieu qui descend. Comme dit *La Pythie* de Valéry,

Qui me parle, à ma place même ?

Cette aliénation qu'il faut bien appeler communion puisque j'en suis le lieu, la moindre sensation l'opère. La sensation est destruction de la réflexion, fulguration d'Etre.

1. *PP*, p. 245.
2. On se reportera à *SNS*, p. 311, où *à l'inverse* la sensation éclaire le sacrement. Les relations de la vie religieuse sont « paradoxales comme celles du monde sensible », et « les gestes sacramentels... comme les choses sensibles, portent eux-mêmes leur sens ».

Non que la qualité sensible, en sa teneur abstraite, soit propriété de l'Etre. Mais l'Etre se dénonce par cette irruption, cette communion forcée et consentie avec le Non-moi. Dans la sensation, guidée par le corps, la conscience apprête sa propre suppression en tant que sujet, un peu comme l'ascèse prépare à l'ouverture mystique. La sensation-communion est à la fois vécue et impersonnelle, comme l'oracle qui traverse la Pythie de Valéry. L'Etre n'est pas l'Autre absolu si m'enlevant à moi-même il se rend présent en moi : mais lorsqu'il me rend à moi-même, je suis en quelque sorte inclus dans l'Etre, et l'expérience sensible, pâtie du fait de l'Etre, témoigne de son emprise.

L'Etre s'entr'aperçoit comme à la jointure du Monde, du Corps ou du Temps. Ces amorces d'ontologie ne sont pas encore développées. Le phénomène recouvre l'Etre plutôt qu'il ne le découvre. Cependant, l'absence de l'Etre (dont il ne saurait y avoir d'intuition immédiate) une fois découverte, l'Etre même pourra ultérieurement être pris pour thème, non peut-être de l'expérience ou de la vie, mais de la recherche du philosophe, par réitération et réflexion de sa première phénoménologie.

En témoignent maintes pages de *Signes* (ces signes sont, comme un doigt qui désigne, *index* vers l'Etre) et de nombreux développements des notices pour l'*Annuaire du Collège de France*[1]. Mais l'Etre même ou si l'on veut la relation de

1. Ces notices rédigées après les cours chaque année en donnent mieux que le sommaire — le dessin et le rythme. Les cours eux-mêmes sont presque tous inédits, leur publication, d'après les notes des auditeurs, apportera à l'œuvre, nous en formulons le souhait, un précieux complément.

l'homme à l'Etre ne devient thème, obliquement mais délibérément visé, que dans *Le visible et l'invisible.* L'ontologie continue de s'y constituer comme par surprise : soudaines incursions, aperçus et paradoxes qui donnent à penser. Cela tient à l'objectif même d'une recherche qui ne saurait progresser selon une méthode (qui apporterait avec elle les partialités de l'entendement). Ce qui est nouveau, ce n'est pas ce que l'auteur trouve, c'est l'acharnement et tout ensemble la docilité ou la souplesse avec laquelle, par tous les biais, à tous les tournants de son enquête, il la reconduit vers l'énigme de l'invisible, et vers le mystère de l'Etre. Il ne dit pas autre chose, mais il le dit davantage, usant, pour emprunter une expression à l'article *L'œil et l'esprit* publié en 1961, de tous les claviers du *computeur de l'être*[1].

Nous devons confesser ici notre embarras. Un véritable commentaire du grand ouvrage inachevé serait une entreprise qui sans doute dépasse nos forces, hasardeuse aussi tant que les cours au Collège de France demeureront un trésor enseveli. Il nous reste à prendre le parti d'une simple lecture de quelques pages, une lecture possible parmi d'autres. Il ne faut pas oublier que le livre n'a pas été publié par l'auteur, que même la partie rédigée comporte, comme l'a noté son éditeur Claude Lefort, des variantes voulues, si bien que le sens du livre pouvait encore, quand l'élaboration s'est trouvée interrompue, virer vers sa vérité. L'ouvrage que nous lisons, et nous sommes redevables à Claude Lefort de nous aider à le lire sous ce jour, est comme suspendu dans l'attente du terme ultime, du *mot de la fin* qui l'achèverait, l'assumerait.

1. Œ, p. 199, parle de « computeurs du monde ».

Peut-on avancer que ce mot, qui engage, qui est un acte, ce fut la mort du philosophe, et qu'elle détient le sens qui demeurait jusque-là suspendu ? Oui sans doute, mais on peut l'entendre au moins de deux manières que nous voulons joindre ensemble.

I. — Maurice Merleau-Ponty, et chacun de nous, assume et choisit sa vie à chaque moment, qui pourrait être le dernier, la choisit donc aussi dans le dernier moment, mitoyen entre le monde pétrifié des choses abandonnées et l'invisible qui « est *là* sans être *objet*, ... transcendance pure, sans masque ontique »[1]. La mort soulève, enlève le masque ; elle ne rend pas visible aux vivants l'autre côté, elle ne livre pas au lecteur l'achèvement du sens d'un texte inachevé.

II. — La mort d'autrui arrête le défilé incessant des apparences à l'intersection desquelles la personne s'expose au regard de ses *semblables*. La mort permet d'accommoder le regard et laisse apercevoir en vraies dimensions la figure effective de la personne défunte. Elle permet au lecteur de lire jusqu'au bout un texte qui ne sera pas raturé.

Chacune de ces approches livre une partie totale de l'homme et de sa pensée. La première interroge le « noyau d'absence »[2] et postule la réalité et la déterminité du sens, cependant ignoré. La seconde demeure du côté du monde et de notre histoire qui continuent, elle fixe le lieu, l'époque et le rôle. Il faudrait pouvoir rapporter la seconde approche à la première, remonter du rôle historique, du sens comme alluvion de culture qui s'est décisivement inscrit dans notre paysage à la figure impérissable, celle qui a péri, indestruc-

1. *VI*, *Notes de travail*, pp. 282-283.
2. *VI*, p. 283.

tible en ce qu'elle véhicule l'hésitation, la vibration de la vie.

Le face à face est malaisé, c'est le lieu du malentendu. Ce malentendu n'est pas sans remède si nous nous disculpons de la prétention de faire parler qui n'est plus ici avec nous ; nous sommes disculpés puisque notre vie, notre parole à leur tour sont suspendues. L'histoire dont il s'agit est celle de l'auteur, c'est la nôtre, il n'y en a qu'une, l'absence dont il s'agit est celle de sa vie, de la nôtre. Comme si l'auteur nous demandait de le rejoindre, ailleurs. « Suis-je vraiment seul à être moi ? N'ai-je pas quelque part un double, un jumeau ? », demandait-il[1].

Et, dans son premier ouvrage, ne disait-il pas déjà : « La mort n'est pas *dépourvue de sens*, puisque la contingence du vécu est une menace perpétuelle pour les significations éternelles dans lesquelles [l'homme] croit pouvoir s'exprimer tout entier. Il faudra s'assurer que l'expérience de l'éternité n'est pas l'inconscience de la mort, qu'elle n'est pas en deçà, mais au-delà... »[2]. C'est la vie qui nous égare et disperse, mais au-delà de la mort nous nous rassemblons si nous expérimentons que nous sommes éternels. Au-delà..., qu'est-ce à dire ? Faut-il l'entendre avec Platon et saint Augustin, au sens d'une vie autre, faut-il l'entendre au sens de Spinoza, au sens de Nietzsche? Nous en avons dit suffisamment. S'il est une réponse, c'est le livre posthume, *Le visible et l'invisible*, qui va répondre.

Le premier chapitre interroge à nouveau ce qui est appelé maintenant la *foi perceptive*, et, vis-à-vis des évidences

1. *VI*, p. 141.
2. *SC*, pp. 303-304. Cf. plus haut notre chapitre I, p. 46, ainsi que les notes 3 et 4, même page.

de « l'homme naturel », situe la tâche que s'assigne la philosophie, entre les choses et les mots. La philosophie ne transforme pas le monde que nous voyons « en chose dite »[1], car : « Ce sont les choses mêmes, du fond de leur silence, qu'elle veut conduire à l'expression. Si le philosophe interroge et donc feint d'ignorer le monde et la vision du monde qui sont opérants et se font continuellement en lui, c'est précisément pour *les* faire parler, parce qu'il *y* croit et qu'il attend d'*eux* toute sa future science »[2].

Ce texte ouvre le registre de l'ontologie. Il ne s'agit pas de parler des choses, mais bien de l'éloquence des choses qui nous parlent, « du fond de leur silence », pour ce qu'elles *sont*, et non seulement pour ce qu'elles opèrent en notre psychisme à titre d'agents psychophysiques. Ce point de départ est presque indéterminé, puisque le philosophe ne peut dire si c'est le monde même qu'il interroge, ou sa vision du monde. Certes il *y* croit, mais ne peut savoir si c'est au monde, si c'est à la vision, il les prend donc ensemble et plus il y croit, moins il y a sens à distinguer le monde et la vision, puisqu'elle nous le donne. Le point de départ est, demeurera en quelque sorte indéterminable, objet d'une description, non d'une déduction même transcendantale. Ce qui revient à dire : il faut interroger le monde même, les choses mêmes. Il n'y a pas ici de *premiers principes*, mais un va-et-vient de la vision naturelle à l'interrogation, de l'interrogation à la vision.

C'est au fond ce va-et-vient qui atteste la visée ontologique. Un logicien allant des principes aux conséquences dans la sécurité d'une démarche formelle avance d'idée en

1. *VI*, p. 18.
2. *Ibid.* ; les mots soulignés le sont par nous.

idée, avance et ne revient pas. Un observateur au contraire, un chasseur à l'affût vont et viennent de l'objet au regard qui en prend la mesure, de la cible à la mire.

La philosophie trouve dans la vision perceptive un symbole naturel ; la vision naturelle contient, comprend déjà les paradoxes qu'y va déchiffrer la philosophie. Ainsi par exemple la permutation de l'extérieur et de l'intérieur : « Tout se passe comme si mon pouvoir d'accéder au monde et celui de me retrancher dans mes fantasmes n'allaient pas l'un sans l'autre »[1]. Texte important car le monde n'est pas à conquérir comme Livingstone de haute lutte invente l'Afrique centrale. Le monde ne se découvre pour ce qu'il est que si concurremment nous pénétrons le secret de notre regard, si l'expérience, qui relève simultanément de l'esprit, de la chair, me révèle que la perception « ne naît pas n'importe où », qu'elle « s'émet... dans le recès d'un corps »[2]. La philosophie surtout médite l'échange « des vues d'autrui sur lui-même et sur moi »[3], de mes vues sur moi-même et sur lui.

Il s'agit bien du même paradoxe. Pas plus que le fantasme ne peut rivaliser avec la perception (mais trouvent tous deux leur vérité dans la chose même), pas davantage le vécu d'autrui, que je me représente « comme une sorte de duplication du mien »[4], ne s'assimile à ce « monde privé »[5] dont je suis titulaire ; lorsque je m'avise que là-bas se vit le vécu d'autrui, il fait éclater ce monde privé, il l'ouvre sur l'universel concret, le monde vrai dans lequel « nous nous rejoi-

1. *VI*, p. 23.
2. *VI*, p. 25.
3. *VI*, p. 24.
4. *VI*, p. 26, note.
5. *VI*, p. 25.

gnons »[1]. Avant même que la première parole soit prononcée, dès le premier regard jeté, la représentation d'autrui s'apparaît *dérivée* d'une coexistence effective. Si je le vois, autrui a pu me voir, il m'a vu : cet échange des rôles fait entrer autrui non pas dans ma pensée, mais dans ce monde unique où nous sommes l'un et l'autre situés. Trouvant Eve, et trouvé par elle, Adam se retrouve[2]. Merleau-Ponty parle ici très heureusement non d'une relation écartelée entre ses deux pôles, mais de l'unité d'une vie partagée : « Du moins, mon monde privé a cessé de n'être qu'à moi, c'est maintenant l'instrument dont un autre joue, la dimension d'une vie généralisée qui s'est greffée sur la mienne »[3]. D'une vie *nôtre*, qui tire vivement chacun hors de son « réduit ». Et quand chacun retomberait, à de certains moments, dans la solitude, dans le monde la solitude n'est pas l'impossible solipsisme, elle est l'absence, et c'est encore une relation à autrui. Notre vie n'est jamais toute nôtre, elle est passion qui nous affecte du dehors, action qui forge d'autres vies dans ce grand vent où nous attirent et nous poussent les choses et les autres.

Le lieu de vérité pour moi, pour nous, ne peut être que ce grand vent du monde et de l'histoire. On parle de *monde intelligible*, et la vérité suppose en effet qu'on s'est retrouvé dans le monde. Des relations entre pures idées ne feraient pas un monde sans leur éclosion dans le monde sensible auquel le « monde intelligible » qu'on allègue emprunte sa structure. Aussi « c'est le même monde qui

1. *Ibid.*
2. Le thème pictural d'*Adam et Eve*, chez Cranach, Holbein, Raphaël, est, avant même celui du désir, celui de la reconnaissance. Cf. Genèse II, 23 : « Voilà maintenant, dit l'homme, l'os de mes os et la chair de ma chair. »
3. *VI*, p. 27 ; Cf. p. 28 : « un bloc de vie commun ».

contient nos corps et nos esprits »[1] et le « style invariable » dont relèvent tous les objets « relie nos perspectives »[2].

Cette rencontre des hommes dans la vérité et entre eux est la plus improbable qui soit sans l'appartenance à l'être du visible *et* de l'invisible. Chacun de son côté a commencé par être « un fragile amas de gelée vivante »[3]. Ces amas ont grandi selon le même type biologique (et c'est déjà stupéfiant) ; ils se sont donné les mêmes coutumes sociales, ou du moins des mœurs congénères ; ils ont institué à leur usage commun la même langue, ou du moins des langues susceptibles de se vicarier ; enfin, quand il s'agit de dire « ce que personne ne voit », la vérité, parfois ils conviennent entre eux et toujours la différence entre leurs discours est exprimable dans le discours de l'un et dans celui de l'autre. Bref, les *logoi* sont parallèles ou du moins complémentaires et appartiennent au même monde intelligible. Il y a bien de quoi s'étonner, si l'on oublie l'appartenance des hommes par leur chair au même monde, au monde tout court : elle implique l'appartenance de leurs jugements, qui sont des points de vue sur le monde, au monde encore, qui se découvre ainsi *à la fois* monde sensible et monde intelligible et contient d'emblée du même coup les corps, les esprits, les pensées.

Avant Merleau-Ponty, on n'avait jamais dit si précisément cela[4]. On imaginait le monde (sinon peut-être dans notre philosophie occidentale chez Novalis, chez Schelling) toujours plus ou moins matériel et occupé par les corps, les esprits et les pensées le survolant et flottant en quelque

1. *VI*, p. 29.
2. *Ibid.*
3. *VI*, p. 30.
4. Si ce n'est du séjour des réprouvés et du séjour des élus, damnés, sauvés *corps et âmes* selon la croyance des chrétiens.

sorte au-dessus, comme au commencement l'Esprit de Dieu planait sur les eaux.

Le monde n'est plus ici un chaos, ni d'ailleurs un ordre, préhumain : c'est une totalité de symbiose et de communion, charnelle et spirituelle ensemble, qui intègre le néant, le vide et le mal. Mais la perception ne nous donne jamais le monde tout entier. Chacun compose son expérience — qui fait bien un tout, qui n'est pas tout — d'un morceau de visible et d'un morceau d'invisible qui ne se superposent jamais. Le visible pour moi n'est que partiellement visible pour un autre. L'invisible pour moi n'est que partiellement invisible pour un autre. Les mondes ne s'agrègent pas en une monadologie[1], mais se désagrègent, s'inachèvent si l'on peut dire dans le monde, horizon indépassable de toutes les expériences[2]. Horizon présent : à tels instants fulgurants l'Etre n'est pas présent, mais patent : jaillit alors, nous dit-il — et la référence à un penseur religieux de tradition hellénique est ici bien remarquable —, « le cri inarticulé » dont parle Hermès Trismégiste « qui semblait la voix de la lumière »[3] ; « pareil à une voix de feu », traduit de son côté le P. Festugière[4] ; Merleau-Ponty suggère que ce cri où le monde se rassemble, et dont il trouve l'écho dans la production authentique du peintre, outrepasse le feu visible. Il suggère aussi peut-être que la religion cosmique du

1. Cf. *VI, Notes de travail*, la p. 276, sur Leibniz : « Notre âme n'a pas de fenêtres : cela veut dire *in der Welt Sein.* »

2. A moins que la mort soit encore une expérience, où l'invisible devenu saisissable et le visible devenu transparent se rejoignent. Merleau-Ponty n'aurait pas admis que la mort soit une expérience qui s'ajouterait à celles de la vie ; il admettrait plutôt la réalité d'une expérience impossible, inscrite paradoxalement dans notre vie.

3. Œ, p. 218. Le texte cité est extrait du *Poimandrès* ; Hermès Trismégiste, éd. Budé, t. I, Traité 1, § 4, p. 8.

4. Cf. de cet auteur *La révélation d'Hermès Trismégiste*, t. I, p. 315.

Trismégiste ne suffit pas à lever la barrière de l'horizon, à franchir les bornes de ce monde inachevé.

Monde, et philosophie « à plusieurs entrées »[1], dont chaque terme, ou mieux chaque élément, conduit aux autres, en un « tourniquet » toujours plus profond, comme dit Sartre, mais jamais ne se totalise pour de bon — comme si le monde était la ruine d'un temple inhabité. Tous les espoirs, tous les échecs aussi de l'homme, faible, limité, menacé, capable cependant de marcher, de parler, de vivre, d'enjamber cela même qui le limite et le menace, s'expriment dans la méditation du philosophe. *Le héros, l'homme*, n'est jamais découragé, jamais délivré de la nécessité du courage.

Il convient donc d'expliciter la fréquentation naïve du monde, à la recherche de l'originaire, qui est l'initiation, l'ouverture au monde. Il faut abandonner l'immanence et la philosophie réflexive, cesser de courir après son ombre mais « décisivement prendre un autre départ »[2]. La réflexion est « double jeu », se cache son jeu, puisqu' « il est essentiel à l'analyse de partir d'une situation de fait »[3]. Et le fait, on le voit sur l'exemple du temps, entre autres, se dérobe à la réflexion. Seule « l'initiation naïve »[4] nous apporte le fait. L'interrogation philosophique ne doit donc pas annuler cette naïveté, mais l'entretenir.

Ces considérations imposent de prendre position sur la dialectique, de reprendre l'effort dialectique en respectant

1. *VI*, p. 123.
2. *VI*, p. 67.
3. *VI*, p. 69.
4. *VI*, p. 93.

les *données* de l'ontologie, celles de la foi perceptive. Merleau-Ponty consacre à cette tâche plus de 65 pages, et cela nous vaut une profonde réfutation de Sartre, une profonde reprise de Hegel (qui sont aussi reprise de Sartre et réfutation de Hegel). Nous nous bornons, sans retracer toute l'argumentation, à indiquer quelques jalons vers une ontologie.

Chez Sartre[1], c'est du Néant qu'il est surtout parlé mais, montre Merleau-Ponty, l'affirmation de la positivité de l'Etre, en contrepartie, se ravitaille à la néantisation du Néant : cette philosophie de la négativité absolue « est du même coup philosophie de la positivité absolue »[2]. Cependant, observerons-nous, ce chassé-croisé de l'Etre et du Néant chez Sartre a modifié l'Etre. Il est devenu l'Etre *tel qu'il est*. Nous lui avons adjoint, concède Merleau-Ponty, « cet infime doublet »[3]. Ce n'est pas rien ; l'Etre demeure opaque, il n'est pas inerte. Sa positivité en est peut-être relativisée et, pour parler clair, l'ontologie de Sartre n'est pas si distante de celle de Merleau-Ponty que ce dernier ne s'applique à le dire.

Si nous passons à l'expérience d'autrui et à la manière dont il en est philosophiquement rendu compte, une distance plus notable va s'accuser. Merleau-Ponty reconstitue avec infiniment de pénétration l'ontologie d'autrui selon Sartre[4], mais la durcit quelque peu et la logicise, comme il avait fait tout à l'heure avec la structure Etre et Néant. Il discerne la virtualité d'autrui dans la finitude de l'*ego*, dans son inadéquation à la totalité, ce qui lui permet d'assurer que

1. Avant *Les mots*, avant la *Critique de la raison dialectique* ! Merleau-Ponty rédige sans doute les pages que nous commentons en 1959, et met en cause la problématique proposée par SARTRE dans *L'Etre et le Néant* (1943).
2. *VI*, p. 81. Cf. aussi pp. 91-93.
3. *VI*, p. 84.
4. *VI*, p. 84 à 91.

« l'intervention d'autrui ne peut rien m'apprendre, touchant mon néant, dont je fusse absolument ignorant »[1]. On pourrait dire aussi bien qu'elle m'apprend tout : dans l'expérience de la honte ma surprise, si vite qu'elle soit reprise, m'apprend que je ne suis pas seul, que nous comptons l'un pour l'autre. La pensée de Sartre est donc stylisée ici, et l'on devine qu'elle sera éliminée, puis remplacée. Merleau-Ponty cependant veut pour se définir ce contrepoint d'un Sartre stylisé. Il cherche la confrontation avec un autre, avec Sartre, et en même temps il l'élude, puisqu'il ne laisse pas Sartre parler mais récrit et refait le discours de Sartre : cette confrontation est elle-même une figure de notre difficile et inévitable rencontre avec autrui. Le « pêle-mêle du monde »[2] prête à méprise, égare, sépare ceux mêmes qu'il rassemble. C'est la leçon que pour sa part Sartre a tirée de sa longue fréquentation de l'auteur.

Aussi, lorsque la critique qu'il fait de Sartre se fait décisive, et laisse admirer la pensée qui le bouscule, le déplace et l'efface, Merleau-Ponty s'enfuit vers son propre dire, et triomphe ; ce n'est peut-être plus dans le dialogue : le combat a cessé faute de combattants !

Aux « abstractions » de Sartre il oppose « le Pour Soi existant encombré d'un corps »[3], des « degrés de l'être » dont l' « organisation en profondeur »[4] permet *d'inclure* à l'Etre le Néant, si bien que l'Etre, « échelonné en profondeur, se cache en même temps qu'il se dévoile, est abîme et non plénitude »[5].

1. *VI*, p. 89.
2. *VI*, p. 91.
3. *VI*, p. 97.
4. *Ibid.*
5. *VI*, p. 108.

Je m'y perds et m'y retrouve, j'y perds et j'y retrouve les autres. Sans doute la vie d'autrui telle qu'il la vit est pour moi « une expérience interdite »[1], mais une expérience accessible m'enseigne qu' « il y a intersection de mon univers et de celui d'autrui »[2]. Autrui m'est sensible dans son âme et dans son corps, est mon « témoin » et je suis le sien, témoin « récusable parce qu'il est aussi prévenu », que je rejoins pourtant dans le monde où « nous coexistons »[3]. Ce n'est pas un juge qui ne saurait que m'écraser du regard.

Observons cependant que l'auteur de *Huis-Clos* n'ignore pas tout cela. Pour le lecteur qui accepte, vis-à-vis des deux auteurs, la position inconfortable du tiers témoin, ils se retrouvent, même si Merleau-Ponty désavoue les implications de *L'Etre et le Néant*, du même côté[4].

Merleau-Ponty ne nous semble pas si loin de Sartre lorsqu'il refuse la pensée dialectique, définie comme « celle qui admet des actions réciproques ou interactions »[5]. L'opposition dialectique perd sa crédibilité devant le regard du témoin[6]. La dialectique n'est légitimement qu' « une manière de déchiffrer... l'être de situation »[7] ; elle est « le mouvement même du contenu »[8], une « dialectique sans synthèse »[9]

1. *VI*, p. 110.
2. *VI*, p. 111.
3. *VI*, p. 114. Cf. p. 115 : « Nous comptons au même monde, nous relevons du même Etre. »
4. Sartre en 1959 ne s'identifie plus à cet ouvrage. Il a commencé à rédiger *Les mots*, et s'adresse déjà les reproches que Merleau-Ponty tout aussi perspicace lui adresse de son côté dans *Le visible et l'invisible* : il a négligé d'apercevoir « la situation du philosophe qui parle, comme distincte de ce dont il parle » (*VI*, p. 120). Sartre est d'accord ; il se reconnaît rétrospectivement « truqué jusqu'à l'os », et « mystifié » *(Les mots)*. Mais si *L'Etre et le Néant* se donnait pour un ouvrage inachevé, Sartre n'était pas mystifié tout à fait.
5. *VI*, p. 123.
6. *Ibid* . : « Que donc, n'étant pas témoin... »
7. *VI*, p. 127.
8. *VI*, p. 128.
9. *VI*, p. 129.

qui n'est que l'étonnement du philosophe, son discours interrogatif. Elle ne peut donc sans se falsifier s'énoncer en thèse. Mais, de la fréquentation de l'Etre naît pour la pensée interrogative la « confirmation de son étonnement »[1]. Voilà peut-être la meilleure définition de l'Etre. S'y consolide et s'y affirme (le mot vient du latin *firmus*, solide) une sorte d'appel, et nous sortons de notre cocon. La chrysalide s'ouvre. Par là une possibilité est donnée que de l'Etre à ma conscience, de l'Etre à mon corps, la distance soit supprimée. Alors, par-delà les mirages de la dialectique, la tâche de la philosophie s'accomplit par un usage du langage où elle s'égale « à ce qu'elle *veut* tout de même *dire* »[2], au double sens de ce qu'elle vise et de ce qu'elle signifie, de ce qu'elle interroge et de ce dont elle *revient* pour nous faire savoir la réponse : « Nous avons... des mesurants pour l'Etre »[3].

Reste à décrire cette opération de trouver l'Etre. L'interrogation se découvre-t-elle, au regard de l'Etre, *intuition* ?

Elle s'affirme, précisément, comme intuition de l'essence. Le doute méthodique portant sur l'existence « se réfère à l'Etre, puisqu'il résiste à une évidence de fait, refoule une vérité involontaire dont il avoue qu'elle est déjà là et dont s'inspire le projet même d'une évidence qui soit absolue »[4]. Lorsque je vois le morceau de cire, l'évidence labile de la

1. *VI*, p. 138.
2. *VI*, p. 139. Ce passage essentiel commande toute notre interprétation.
3. *VI*, p. 140.
4. *VI*, p. 144.

perception est le patron sur lequel je découpe l'évidence indélébile du *je pense*. Voilà qui n'explique peut-être pas que chez Descartes, alors que la perception comporte une durée, le *je pense* ne se prononce que dans l'instant, le *je suis* ne demeure vrai qu' « aussi longtemps que je pense ».

En tout cas la véritable question (et déjà peut-être chez Descartes) n'est pas « *An sit ?* », mais « *Quid sit ?* ». C'est la question de l'essence, ou du « sens intrinsèque »[1]. Posons que l'Etre et avec lui le langage, les opérations logiques, le déploiement du monde[2] soient parvenus à l'existence et nous en ont communiqué le secret. Cet Etre, « affirmatif de lui-même », quel est son genre, *quid sit* ?

La science n'esquisse qu'incomplètement l'essence de son objet, car les faits toujours partiellement imprévus remettent en cause les clivages selon l'essence qui, à nous en tenir au territoire de la science, ne sont que des catégories relatives à notre prise opératoire sur le monde. La philosophie va trouver sa tâche propre à creuser sous les « essences », corollaires de l'entreprise inachevable de la science. Ces essences ne révèlent pas l'Etre même, « elles n'en sont que la manière ou le style, elles sont le *Sosein* et non le *Sein* »[3]. Elles ne s'imposent à toutes les pensées « que parce que mon expérience se relie à elle-même et se relie à celle des autres en ouvrant sur un seul monde, en s'inscrivant à un seul Etre »[4]. L'expérience est donc seule décisivement ontologique, et précède les affirmations « essentielles » de la science, comme l'affirmait déjà *La phénoménologie de la*

1. *VI*, p. 145.
2. *Ibid.*
3. *VI*, p. 148. C'est le vocabulaire de Heidegger, dont la doctrine de l'essence est pour Merleau-Ponty une référence toute proche (cf. *VI*, p. 228).
4. *Ibid.*

perception[1]. La philosophie est explicitation de cet être brut ou sauvage. Sous la stabilité de l'essence on trouve « le tissu de l'expérience, cette chair du temps »[2] ; et l'essentialité de l'essence, « le dur noyau de l'Etre », est encore en deçà.

Mais il n'est pas inaccessible, puisque j'aperçois le présent visible, non de nulle part, mais « du milieu de lui-même ». Celui qui saisit le présent et le monde « est le sensible même venant à soi, et... en retour le sensible est à ses propres yeux comme son double ou une extension de sa chair »[3]. Nous éprouvons « la pesée... de l'Etre » et saisissons son « essence brute »[4], sans aucune intuition idéale, sans le mythe de la *Wesenschau*. Car la variation eidétique est la matrice de l'essence, qui est saisie par un travail de l'expérience sur l'expérience, et notamment comme écart des paroles[5]. L'être est généralité concrète, « dimensionnalité »[6] de tous ses moments, « style de tous les styles ». L'Etre s'ouvre à moi dans un *logos* et la « magie naturelle » de la parole m'ouvre à ce *logos* de l'Etre. La parole renvoie à l'*essence opérante* détenue par la signification, cette essence qui est la « nervure commune du signifiant et du signifié »[7], du langage et de l'Etre. La parole dit l'essence sans la chercher hors d'elle-même, mais « comme le corps sent le monde en se sentant »[8]...

Arrêtons un instant la lecture, car elle appelle une inter-

1. *PP*, p. III. Voir aussi *La prose du Monde*, chapitre I, et *L'œil et l'esprit*.
2. *VI*, p. 150.
3. *VI*, p. 153.
4. *VI*, p. 155.
5. *VI*, p. 157, et la note.
6. *Ibid.*
7. *VI*, p. 158.
8. *Ibid.*

prétation. Certains reprocheront à Merleau-Ponty ce qu'ils appelleront son narcissisme, et la « réflexion » du corps propre ou de la parole (entendue un peu comme un second corps, un corps subtil) ne leur paraîtra pas un miroir moins trompeur que la réflexion expresse de l'intellectualisme. On dira peut-être que Merleau-Ponty généralise, étend l'immanence intellectualiste. Si la pensée se reconnaît dans la chair du monde, et par collusion de la chair du monde à notre chair, notre chair qui tout autour d'elle-même en toutes choses se retrouve, fonctionne un peu comme une intelligence.

Ce reproche cependant ne serait pas fondé. Car, pour employer le vocabulaire plotinien, l'intelligence n'est pas première, elle émane de l'Un, et ainsi témoigne d'une transcendance. Si Narcisse sent vraiment *le monde* en se sentant, ce n'est plus Narcisse, dont le souci se borne à soi seul.

En décrivant la saisie de l'Etre *a parte cognoscentis*[1], on voit s'élargir une expérience qui demeure intime et bien sienne : sinon ce ne serait plus l'expérience de personne. Mais la contrepartie, *a parte cogniti*[1], de cette description, c'est la fulguration de l'Etre. C'est *Cela* qui rayonne l'essence et l'envoie à tous ces Narcisses qui s'y heurtent comme au « dur noyau de l'Etre », en même temps qu'ils s'y reconnaissent, et ainsi se découvrent mutuellement l'un à l'autre. L'Etre est (dynamiquement, non comme une chose inerte) lui-même en lui-même, avant que les « computeurs du monde »[2] s'y trouvent, eux-mêmes en eux-mêmes, en le trouvant. Si narcissisme il y a, c'est le narcissisme impliqué

1. Nous nous servons d'une expression commode, mais la saisie de l'être déborde la connaissance, elle intéresse également l'affectivité et la volonté. L'être est connu en ce sens large par l'intelligence, mais aussi par le désir et l'amour.
2. *Œ*, p. 199.

en tout effort philosophique effectivement porté par une expérience. Et il ouvre le plus large possible *l'horizon des esprits*, pour parler comme M. Moreau. Ainsi, dans la discussion, « chacun parle tout entier », mais il est bientôt « mené par ce qu'il a dit et ce qu'on lui a répondu, mené par sa pensée dont il n'est plus le seul penseur. Personne ne pense plus, tout le monde parle, tous vivent et gesticulent dans l'Etre... »[1]. Narcisse n'aurait pas supporté qu'on trouble ainsi l'eau du bassin où il mire sa seule image.

La connaissance n'est donc pas simple reflet, ni pure coïncidence. L'Etre n'est pas donnée immédiate. Si ma question « en revient »[2], c'est qu'elle a traversé une distance qui ne saurait être annulée ; « l'ouverture à la chose même » implique « l'écart, sans lequel l'expérience de la chose... tomberait à zéro »[3] : entre l'Etre et moi, il y a seulement « coïncidence de loin »[4]. Le langage est malaisé, qui exprime cette coïncidence, se faisant ainsi « valable témoin de l'Etre ; ... Ce langage-là... continue un essai d'articulation qui est l'Etre de tout être »[5]. La parole est possible, comme la perception, parce que « nous sommes dans l'Etre »[6], et la parole du philosophe dit précisément cela, ce nœud du *Logos* à l'Etre même, « parce que la philosophie est la reconversion du silence et de la parole l'un dans l'autre »[7].

1. *VI*, p. 159.
2. *VI*, p. 161.
3. *VI*, p. 166.
4. *Ibid.* Cf. *S*, p. 231, à propos de la « coïncidence partielle » selon Bergson, et déjà, *Eloge de la philosophie*, p. 23 et p. 27.
5. *VI*, p. 168.
6. *VI*, p. 170.
7. *VI*, p. 171, avec référence à Husserl.

Le dernier chapitre rédigé : « L'entrelacs — le chiasme », approche le silence de l'expérience originaire, qu'il exprime non par l'éloquence de la métaphore, mais par le secret du paradoxe : pour l'entendre il faut déjà l'avoir compris. Nous sommes vraiment aux limites de l'expression, qui côtoie, mais sans y tomber, la platitude des évidences banales.

Comme ce qui est inconscient au sens de Freud, ce que Merleau-Ponty avance ici nous surprend, mais en même temps nous l'avons toujours su. Le monde est chair. Notre main ne parvient à être main touchante que parce qu'elle est homogène à tout le tactile, capable en un revirement subit de devenir main touchée. Le monde et mon corps se reconnaissent, se saluent comme deux mains qui se prennent.

Ce rapport d'inhérence réciproque, ou d'*entrelacs*, est celui même du corps phénoménal et du corps objectif que nous venons de mentionner, celui encore du visible et du tangible, il s'agit de deux dimensions adhérant l'une à l'autre, indétachables l'une et l'autre du même être, de l'être même. L' « anonymat inné de Moi-même »[1], lorsque je ne sais plus dans la généralité du sensible « qui voit et qui est vu », c'est l'expérience de la chair. « Narcissisme »[2] si l'on veut car je ne me quitte pas lorsque la vision me fait en quelque sorte émigrer loin de moi, mais ce n'est pas pour me refermer sur une intuition qui serait mon trésor privé, je m'ouvre au contraire au monde total. Je ne suis pas Narcisse tel qu'on le voit, c'est-à-dire pris au piège de soi, mais je le suis peut-être tel qu'il s'appréhende :

1. *VI*, p. 183.
2. Cf. *Œ*, p. 197.

tout en lui trouve réponse ; les autres eux-mêmes, il les fait entrer dans son champ, et ils le lui rendent. Ils s'entrevoient et voient ensemble le même monde qui les porte. Ils découvrent leurs corps, et plus que leur corps, dans le désir. Et cette expérience qui est proprement celle de la chair donnera la clé de l'expérience de l'*intuitus mentis*, ou de l'idée. Car je peux alors saisir ce que j'appelle esprit, ou pensée, comme « une sublimation de ma chair »[1] et considérer le *je pense* susceptible d'accompagner toutes nos expériences comme « ce toucher unique qui gouverne d'un bloc toute la vie tactile de mon corps »[2]. Rencontre d'ailleurs moins paradoxale qu'il ne semble si « toute pensée de nous connue advient à une chair »[3]. Il faut méditer longtemps ces pages merveilleuses, les relire dans le texte. Très conscients de ne pas en accompagner tout le sens, de le raboter plutôt, d'en effacer les nuances, et sans assurer que nous en exprimions le cœur, nous allons signaler cependant notre malaise, et formuler notre objection.

Certes il ne peut s'agir de reprocher à l'auteur de fonder le *cogito* sur la cœnesthésie, de revenir à l'empirisme. La chair telle qu'il la discerne est en deçà de la distinction de l'âme et du corps. C'est une distinction plus proche de l'expérience même qu'il établit entre la « chair massive » et la « chair subtile »[4], laquelle est sens, est esprit. Elevant cette différence dans l'élément du langage, il l'exprime avec une étourdissante pénétration.

Mais entre Narcisse et le langage, il y a l'existence d'autrui et notre relation à autrui, car le langage veut des

1. *VI*, p. 191.
2. *Ibid.*
3. *Ibid.*
4. *VI*, p. 195.

interlocuteurs, il est ce « champ ouvert pour d'autres Narcisses »[1], ouvert sur et par une « intercorporéité ». Cette intercorporéité, telle qu'elle est ici décrite, notamment celle du désir et de la caresse érotique[2], rien ne la qualifie comme hétérosexuelle plutôt qu'homosexuelle. La relation à autrui ne se définit pas ici comme triangulaire — Œdipe devant Laïos et Jocaste —, ce qui ferait entrer en compte la différence des sexes, mais par cette expérience de l'autre comme mon double ou mon jumeau dont il parle à plusieurs reprises, et qui est évidemment l'expérience même de Narcisse. D'où il résulte que, si la relation à autrui est triangulaire — si nous avons des parents —, notre rapport au monde ne peut être celui que le « narcissisme fondamental de toute vision » nous a fait entrevoir. Nous nous demandons alors si notre relation concrète au monde ne doit pas être conçue aussi comme triangulaire. Or, dans une première version du chapitre « Interrogation et intuition »[3], l'auteur écrit : « Nous interrogeons notre expérience, précisément pour savoir comment elle nous ouvre à ce qui n'est pas nous. *Il n'est même pas exclu par là que nous ne trouvions en elle un mouvement vers ce qui ne saurait en aucun cas nous être présent en original et dont l'absence irrémédiable compterait ainsi au nombre de nos expériences originaires* »[4]. Devant nous il y a ce qui nous est présent, le monde, et ce que d'autres indications de l'auteur[5] permettent peut-être de

1. *VI*, p. 185 ; ce pluriel interdit toute interprétation idéaliste ou solipsiste.

2. Cf. plus haut notre chapitre III, pp. 86-87 et *VI*, pp. 189 et 323. L'auteur néglige de la distinguer de la caresse non érotique, prodiguée au jeune enfant où à l'animal.

3. Annexe reproduite pp. 207-216. Cette première version *n'a pas* été biffée par l'auteur.

4. *VI*, Annexe, p. 211 ; c'est l'auteur qui souligne.

5. Cf. *S*, p. 228, et *VI*, pp. 117-118.

désigner comme dieu[1]. Dieu absent vers quoi (car nous n'avons pas le droit d'écrire : vers qui, à tout le moins la question demeure ouverte) notre expérience ouvre un mouvement ; dieu plus que seulement caché, si l'absence est irrémédiable, mais cependant en relation avec nous, « au-dessous de nous »[2], écrit Sartre.

Ainsi, en ce qui concerne l'expérience d'autrui et aussi en ce qui concerne l'expérience du monde dans son rapport à une absence qui le hanterait originairement, Merleau-Ponty hésite jusqu'au bout entre diverses variantes, diverses philosophies entre lesquelles il ne tranche pas, du moins en son discours écrit.

Ce qu'il expérimente, c'est l'accès à l'Etre « à partir d'un certain secteur de l'Etre »[3], ici le Monde, « mais à cet égard on aurait pu aussi bien partir de l'Homme ou de Dieu »[4]. La réalité, nous le savons, est *à plusieurs entrées* ; son message qui se dit en toutes les langues n'est pas tant ambigu que surdéterminé. Elle n'est jamais positivité sans mystère, mais comporte « des zones claires, des jours autour desquels pivotent [les] zones opaques »[5]. Ainsi la chair, coextensive en un sens à tout le visible, comporte « ce pli, cette cavité centrale du visible qui est ma vision »[6]. Elle est « cette masse intérieurement travaillée » qui « n'a de nom dans aucune philosophie »[7].

Cette expérience peut sans doute être évoquée, aux

1. Il arrive à Merleau-Ponty d'employer de *d* minuscule, sans doute lorsqu'il parle pour son compte, et ne se réfère pas de l'extérieur au *Dieu* d'une doctrine reçue.

2. *Les Temps modernes*, numéro cité, p. 366.

3. *Annuaire du Collège de France*, 1958, p. 213.

4. *Ibid.*

5. *VI*, p. 195.

6. *VI*, p. 193.

7. *Ibid.*

limites de l'expression, et les descriptions de Marcel Proust sont prises à témoin de cette possibilité, mais non proprement *pensée*, dans aucune philosophie[1]. L'idée ne saurait être aperçue qu' « en transparence derrière le sensible ou en son cœur »[2], comme la *petite phrase* de Vinteuil cachée parmi les notes de la sonate, pourtant fascinante et reconnaissable. On peut alors reconnaître « une idéalité qui n'est pas étrangère à la chair »[3], qui est susceptible d'émigrer, de changer de chair, « abandonnant celle du corps pour celle du langage »[4].

Un texte a son style comme une chair son grain, le recroisement des significations des mots est analogue à ces reflets qui attestent l'unité du monde visible (l'arbre rend visite à l'eau dans le miroir de l'étang, ce sont éléments du même monde), enfin l'être est le même, que les corps nous le décèlent, que les mots nous le désignent. La « lumière instituée » du discours emprunte sa structure à « la sourde réflexion du corps sur lui-même... que nous appelons lumière naturelle »[5].

Aussi faut-il porter l'accent, non sur la primauté prétendue de l'idée claire et distincte, ni non plus sur une primauté irrationnelle de la chair, que l'auteur n'a jamais revendiquée, mais bien sur la « réversibilité » de la parole et de la chair, « qui se manifeste par une existence presque

1. Cf. cours sur *L'union de l'âme et du corps* édité par J. DEPRUN, p. 15 : « Descartes ne soutient nulle part qu'on puisse penser l'union. Il n'y a rien à en dire. » MERLEAU-PONTY en 1947 protestait, semble-t-il, contre cet échec de la pensée ; dans *Le visible et l'invisible*, il se trouve en plein accord avec Descartes sur ce point. Le constat qui précède n'est pas à reprocher au philosophe, car l'union *ne peut* être pensée.

2. *VI*, p. 197.

3. *VI*, p. 199.

4. *VI*, p. 200.

5. *VI*, p. 202 ; ce que Descartes appelait *inclination naturelle* est donc aussi lumière.

charnelle de l'idée comme par une sublimation de la chair »[1]. Le corps momentané ne va pas « sans un corps glorieux »[2]. Si l'esprit ne peut affirmer l'esprit, ni l'incarnation de l'esprit qu'un réalisme spiritualiste peut concevoir, la chair peut évoquer une sublimation de la chair, une ascension dans l'Etre où elle se fait anonyme et disponible. Cela vaut aussi pour *l'animal de mots*, le langage, dont l'auteur redit avec Paul Valéry qu'il « n'est la voix de personne, ... il est la voix même des choses, des ondes et des bois »[3].

Le manuscrit s'interrompt sur cette dernière indication que la réversibilité « est vérité ultime »[4]. Cette affirmation rejette toute question ultérieure dans le silence. Il y a là cependant une difficulté. Non pas du fait que les descriptions concrètes privilégient la chair, fût-elle « subtile » par rapport à l'esprit. Mais parce que la réversibilité ou plus généralement la syntaxe de l'Etre n'est effectuable que si elle échange des contenus. Le simple schème de la réversibilité ne fournit pas encore une expérience, ni celle d'une absence, ni celle d'une présence. Or tout contenu, fût-ce celui de la plus immédiate perception, n'a portée ontologique que référé à un englobant dont nous voudrions savoir s'il est la Nature, s'il est Dieu, comme chez Malebranche, s'il est l'Homme. Merleau-Ponty à la fin dérobe l'Etre sous les métamorphoses. Il semble consentir à demeurer prisonnier de ce « labyrinthe de la philosophie première » dont il a parlé après Leibniz, à ne résider, invisible, « nulle part ailleurs que partout », pour reprendre le mot de Gide.

1. *VI*, p. 203 ; cf. *Œ*, p. 198, la définition du corps humain par le « recroisement » du voyant et du visible.
2. *VI*, p. 195. *Glorieux* signifie donc qui n'est pas momentané, ne passe pas avec le moment, immortel ou éternel, intemporel.
3. Paul Valéry, *Charmes*, et *VI*, p. 204.
4. *VI*, p. 204.

Narcisse s'immerge dans la fontaine, il y rejoint les ondes et les bois. Au-dessus de l'eau plane un regret.

> L'âme, l'âme aux yeux noirs touche aux ténèbres mêmes,
> Elle se fait immense et ne rencontre rien...
> Entre la mort et soi, quel regard est le sien[1] !

Il reste que Narcisse s'est confié aux pouvoirs de la Parole, qui fait renaître les pensées et, si la réversibilité est véritablement « ultime », rend à leur vie les corps désormais glorieux.

1. Paul VALÉRY, *Charmes*, Fragments du Narcisse. Merleau-Ponty ne s'est jamais lui-même directement référé aux deux poèmes de Valéry où « Narcisse parle », du moins dans l'œuvre publiée.

TABLE DES MATIÈRES

Philosophie
aux éditions L'Harmattan

Dernières parutions

LETTRE AUX CITOYENS DU MONDE
Vernhes Marc
Pour l'auteur, les violations des droits de l'homme, la misère, la violence, l'omnipotence de «l'empire de l'argent», les atteintes répétées à l'environnement, ne sont pas des fatalités. Pour combattre ces fléaux, les «citoyens du monde» doivent s'approprier un socle de valeurs communes et inventer ensemble une nouvelle forme d'humanisme. Sur ces thèmes essentiels, l'auteur nous invite à engager collectivement «un grand débat citoyen».
(11.50 euros, 78 p.)
ISBN : 978-2-336-00104-3, ISBN EBOOK : 978-2-296-50926-9

FRANCS-MAÇONS (LES) – Des inconditionnels de l'espoir
Deschatres François
Après cinquante ans de présence en franc-maçonnerie, l'auteur livre le fruit de sa réflexion personnelle, car la finalité de cette idéologie est rarement exposée publiquement. En écrivant ce livre, son intention est de «faire pénétrer» le lecteur dans l'idéal maçonnique, sans réserve et sans prosélytisme, dans un souci de vérité.
(19.00 euros, 190 p.)
ISBN : 978-2-336-00111-1, ISBN EBOOK : 978-2-296-50899-6

HÉGÉLIANISME (L') ET SON DESTIN FRANÇAIS
Puisais Eric
Au travers de parcours à la fois méthodologiques et historiques, cet ouvrage cherche à témoigner du destin de la pensée hégélienne en France, de la fin du XIXe siècle jusqu'à l'après-guerre. Ce livre tente de former une « phénoménologie de la réception » en décrivant l'itinéraire d'une oeuvre, le parcours d'une pensée, les modes de circulations des idées hégéliennes et de leur perception, souvent contradictoires.
(Coll. Rationalismes, 14.50 euros, 140 p.)
ISBN : 978-2-296-96378-8, ISBN EBOOK : 978-2-296-50946-7

SPINOZA, LA MATRICE
Nouveaux éclairages sur le bonheur, la liberté, la hérarchie, l'éternité, la mort, la morale, Dieu, le chaos, l'inconscient, le sexe, l'humanisme, l'école
Collegia Jean-Pascal
Cet ouvrage est un essai sur le système d'explication du monde tel qu'il est selon Spinoza. L'exposé se veut conforme à la volonté de Spinoza d'être au plus près de la vie quotidienne. L'usage d'analogies, parfois inattendues, le parti pris de

simplicité dans l'exposé visent à conduire par un chemin court au « prince des philosophes », selon l'expression de Deleuze. Toutes nos préoccupations, et nos oublis, semblent trouver dans Spinoza leur écho préalable.
(Coll. Ouverture Philosophique, 13.50 euros, 122 p.)
ISBN : 978-2-296-99793-6, ISBN EBOOK : 978-2-296-50958-0

POINCARÉ, LE HASARD ET L'ÉTUDE DES SYSTÈMES COMPLEXES
Gargani Julien
Pour Poincaré, dont nous venons de célébrer le centenaire de la disparition, chaque partie de l'univers est liée avec toutes les autres et ces liens de causalité sont amples. Des questions liées aux problèmes environnementaux surgissent de la lecture de ses travaux. Sans le savoir Poincaré est le précurseur d'une métaphysique de l'écologie. On retrouve aujourd'hui des idées nées il y a plus d'un siècle dans tous les problèmes en lien avec les systèmes complexes (climat, biodiversité, santé, géosciences...).
(Coll. Ouverture Philosophique, 13.50 euros, 124 p.)
ISBN : 978-2-336-00505-8, ISBN EBOOK : 978-2-296-51038-8

THÉORIE DE L'ESPRIT ET PÉDAGOGIE CHEZ KARL POPPER
Le «seau» et le «projecteur»
Firode Alain
Ce livre se propose d'interroger l'oeuvre popérienne dans son ensemble, les écrits de jeunesse comme les textes de la maturité, sous l'angle d'une théorie du sujet humain et de sa formation. Il s'agit, d'une part, de jeter un éclairage sur le lien qui unit de l'intérieur la pensée de Popper aux préoccupations d'ordre psychologique et pédagogique ; d'autre part, de montrer en quoi la prise en compte des thèses popériennes peut contribuer à renouveler la réflexion contemporaine sur l'apprentissage et l'éducation.
(Coll. Pédagogie: crises, mémoires, repères, 16.50 euros, 154 p.)
ISBN : 978-2-336-00106-7, ISBN EBOOK : 978-2-296-50836-1

FIGURES DE L'ARTISTE
Sous la direction de Michel Egana
Le point de départ de cet ouvrage est une interrogation autour de la *Figure de l'artiste*. Issue d'une construction figurale largement tributaire des fictions romantiques, l'identité de l'artiste moderne est inséparable de son *double imaginaire* et des récits dans lesquels il est appelé à s'inclure. Ce sont les aspects devenus multiples de cette *Figure de l'artiste* et le défi que pose sa tentative de réappropriation symbolique dans le champ du présent, qui font l'objet des études réunies ici.
(Coll. Ouverture Philosophique, 17.00 euros, 172 p.)
ISBN : 978-2-336-00323-8, ISBN EBOOK : 978-2-296-50998-6

GILLES DELEUZE, FÉLIX GUATTARI ET GILLES CHÂTELET – De l'expérience diagrammatique
Dupuis Joachim Daniel
Gilles Deleuze, Félix Guattari, Gilles Châtelet : trois penseurs déployant des concepts proches comme le geste et le diagramme. Cependant, ils se divisent sur la notion de métaphore produisant ainsi trois «systèmes» de pensée que les

auteurs ont surnommé *Expériences diagrammatiques*. Il s'agit donc d'*habiter autrement* la pensée machinée par le capitalisme, le pouvoir, les médias grâce aux pensées militantes et exigeantes des trois philosophes.
(Coll. Ouverture Philosophique, 26.00 euros, 258 p.)
ISBN : 978-2-296-99362-4, ISBN EBOOK : 978-2-296-50599-5

PENSER L'ÉPISTÉMOLOGIE DE KARL POPPER
Nguimbi Marcel
Cet ouvrage interroge le penser épistémologique de K. R. Popper, à la fois dans ses fondements et dans son déploiement, en posant deux questions épistémologiques : celle du « paradoxe méthodologique » et celle de « l'exigence d'élargissement de la formule de la croissance du savoir scientifique ».
(Coll. Ouverture Philosophique, 19.00 euros, 196 p.)
ISBN : 978-2-296-99239-9, ISBN EBOOK : 978-2-296-50643-5

GEORGES BATAILLE – Chemins
Bruzzo François
Récits érotiques, essais philologiques, ethnologiques, critiques littéraires, philosophie, l'oeuvre de Bataille est passée au crible d'une pluralité de parcours, qui sont autant de perspectives et de techniques de discours : chemins interprétatifs où l'essai se mêle de fiction et où l'exégète se mêle à l'auteur glosé non content de seulement se mêler de son oeuvre.
(Coll. L'oeuvre et la psyché, 16.50 euros, 160 p.)
ISBN : 978-2-296-96302-3, ISBN EBOOK : 978-2-296-50680-0

EXPLORATIONS MÉTAPHYSIQUES
Veto Miklos
Les dix-neuf études de ce recueil ont préparé et accompagné la rédaction de *L'élargissement de la métaphysique*. Elles sont présentées selon six grands thèmes : Liberté et Amour, l'Image, Singularité et Unicité, Eidétique, l'Espace et le Temps, la Volonté. Elles illustrent et ébauchent une philosophie systématique, nourrie par les grands penseurs de l'Occident, notamment Kant, et consciente de sa dette envers la théologie chrétienne.
(Coll. Ouverture Philosophique, 47.00 euros, 478 p.)
ISBN : 978-2-296-99306-8, ISBN EBOOK : 978-2-296-50785-2

MARXISTES (LES) ET LA RELIGION – Essai sur l'athéisme moderne Nouvelle édition : avant-propos de l'auteur, deux textes sur la laïcité et l'utopie
Verret Michel
Voici la quatrième édition, cinquante ans après la première, d'un texte qui connut une audience de curiosité et d'interrogations réciproques. Au-delà d'une critique «athéologique», le propos était de comprendre ce qui, sans Dieu, pouvait faire le fondement de la religion. L'effondrement du monde communiste, le retour en force des intégrismes religieux ont changé la donne. Un ancien texte, de nouvelles questions, c'est le sens de cette édition.
(Coll. Ouverture Philosophique, 33.00 euros, 320 p.)
ISBN : 978-2-296-99338-9, ISBN EBOOK : 978-2-296-50628-2

RECHERCHE (LA) EN PHILOSOPHIE
De l'intuition du thème à la soutenance de la thèse
Akakpo Yaovi
Cet ouvrage apporte des précisions sur les diverses étapes du parcours et du cheminement du philosophe apprenant, lorsqu'il doit réaliser et soutenir, au terme de sa formation, un travail de recherche. L'auteur fait des mises au point autant sur la méthode de recherche documentaire et la rédaction que sur la mise en page du travail.
(Coll. Pensée Africaine, 14.00 euros, 136 p.)
ISBN : 978-2-296-96446-4, ISBN EBOOK : 978-2-296-50547-6

SAVOIR (LE) EN RELIANCE
Les voies de la recherche
Melyani Mohammed - Préface d'André de Peretti
Cet ouvrage traite de l'intelligence reliante et pratique ou métis que développe l'univers mental du chercheur, de l'ingénieur, de l'étudiant ou de l'artisan en formation... Il s'agit de ce que Giambattista Vico, théorisant pour «La Science Nouvelle», dès 1725, appelait «cette étrange faculté de l'esprit humain qui permet de relier, de manière rapide, appropriée et heureuse, des choses séparées».
(17.00 euros, 196 p.)
ISBN : 978-2-296-99468-3, ISBN EBOOK : 978-2-296-50576-6

ÉDITION (L') DE LA PHILOSOPHIE EN FRANCE DEPUIS LES ANNÉES 1970
Miroir du statut de la philosophie en France
Ferté Louise
Depuis une trentaine d'années, l'édition des sciences humaines, et plus particulièrement de la philosophie, est considérée comme un secteur « en crise », sans avenir économique. Les ventes et les parts de marché seraient en baisse, au profit notamment de nouveaux médias tels qu'Internet ou les supports électroniques. Quelles ont été les principales stratégies d'adaptation de l'édition philosophique et des maisons d'édition ?
(Coll. Inter-National, 19.00 euros, 190 p.)
ISBN : 978-2-296-99678-6, ISBN EBOOK : 978-2-296-50261-1

PAUL RICOEUR – Le monde et autrui
Dau van Hong Paul
Par le biais du langage nous trouvons le moyen de répondre à la question toujours en suspens : qu'est-ce que l'être ? Mais interroger le langage n'est jamais l'examiner seul, sans prendre en compte son inscription dans une parole ou dans un livre, qui est toujours adresse d'un homme à un autre homme. L'herméneutique du soi de Paul Ricoeur se trouve ainsi vouée à l'examen de cette double altérité, du monde et d'autrui. Le plus court chemin de soi à soi passe par ce long détour que dessinent le monde et l'autre.
(Coll. Ouverture Philosophique, 28.00 euros, 278 p.)
ISBN : 978-2-296-99207-8, ISBN EBOOK : 978-2-296-50146-1

L'HARMATTAN, ITALIA
Via Degli Artisti 15; 10124 Torino

L'HARMATTAN HONGRIE
Könyvesbolt ; Kossuth L. u. 14-16
1053 Budapest

ESPACE L'HARMATTAN KINSHASA
Faculté des Sciences sociales,
politiques et administratives
BP243, KIN XI
Université de Kinshasa

L'HARMATTAN CONGO
67, av. E. P. Lumumba
Bât. – Congo Pharmacie (Bib. Nat.)
BP2874 Brazzaville
harmattan.congo@yahoo.fr

L'HARMATTAN GUINÉE
Almamya Rue KA 028, en face du restaurant Le Cèdre
OKB agency BP 3470 Conakry
(00224) 60 20 85 08
harmattanguinee@yahoo.fr

L'HARMATTAN CAMEROUN
BP 11486
Face à la SNI, immeuble Don Bosco
Yaoundé
(00237) 99 76 61 66
harmattancam@yahoo.fr

L'HARMATTAN CÔTE D'IVOIRE
Résidence Karl / cité des arts
Abidjan-Cocody 03 BP 1588 Abidjan 03
(00225) 05 77 87 31
etien_nda@yahoo.fr

L'HARMATTAN MAURITANIE
Espace El Kettab du livre francophone
N° 472 avenue du Palais des Congrès
BP 316 Nouakchott
(00222) 63 25 980

L'HARMATTAN SÉNÉGAL
« Villa Rose », rue de Diourbel X G, Point E
BP 45034 Dakar FANN
(00221) 33 825 98 58 / 77 242 25 08
senharmattan@gmail.com

L'HARMATTAN TOGO
1771, Bd du 13 janvier
BP 414 Lomé
Tél : 00 228 2201792
gerry@taama.net

618951 - Septembre 2015
Achevé d'imprimer par
1livre.com
du rêve à la réalité !